公共史学丛书

U0748930

衢前农民运动

探源红色根脉

周东华 编著

天津出版传媒集团

天津人民出版社

图书在版编目（CIP）数据

探源红色根脉：衙前农民运动 / 周东华编著. --
天津：天津人民出版社，2021.7
ISBN 978-7-201-17484-6

Ⅰ.①探… Ⅱ.①周… Ⅲ.①农民运动—研究—杭州
Ⅳ.①K261.490.7

中国版本图书馆CIP数据核字(2021)第155964号

探源红色根脉：衙前农民运动
TANYUAN HONGSE GENMAI:YAQIAN NONGMIN YUNDONG

出　　版	天津人民出版社
出 版 人	刘　庆
地　　址	天津市和平区西康路35号康岳大厦
邮政编码	300051
邮购电话	（022）23332469
电子信箱	reader@tjrmcbs.com

策划编辑	吴　丹
责任编辑	杨　轶
装帧设计	汤　磊

印　　刷	天津新华印务有限公司
经　　销	新华书店
开　　本	710毫米×1000毫米　1/16
印　　张	11.25
字　　数	155千字
版次印次	2021年7月第1版　　2021年7月第1次印刷
定　　价	42.00元

编委会名单

施海勇　杨　芳　陈　虹

王国祥　肖　锋　高海忠

俞益枫　陶水木　周东华

前　言

探源中共解决"农—地"关系的红色根脉

　　毛泽东早在1919年就在《民众的大联合》一文中提出："种田的诸君！田主怎样待遇我们？租税是重还是轻？我们的房子适不适？肚子饱不饱？田不少吗？村里没有没田作的人吗？这许多问题，我们应该时时去求解答。应该和我们的同类结成一个联合，切切实实彰明较著的去求解答。"① 1926年，毛泽东在《国民革命与农民运动》中指出："农民问题乃是国民革命的中心问题，农民不起来参加并拥护国民革命，国民革命不会成功；农民运动不赶速地做起来，农民问题不会解决；农民问题不在现在的革命运动中得到相当的解决，农民不会拥护这个革命。"② 1936年，毛泽东再次提出"谁赢得了农民，谁就会赢得了中国，谁解决土地问题，谁就会赢得农民"的科学论断。

　　"农为邦本、地为民生。"中华人民共和国成立后，党中央始终把"农—地"问题作为工作重心。2004年以来，连续十八年的中央一号文件均是"三农"主题。中共十八大以来，中共中央更是把解决好"三农"问题作为全党工作的重中之重，把脱贫攻坚作为全面建成小康社会的标志性工程。2021年2月25日，习近平在全国脱贫攻坚总结表彰大会上讲道："中国共产党从成立之日起，就坚持把为中国人民谋幸福、为中华民族谋复兴作为

---

①《毛泽东早期文稿》，湖南出版社，1990年，第374页。
②《毛泽东文集》第一卷，人民出版社，1993年，第37页。

初心使命,团结带领中国人民为创造自己的美好生活进行了长期艰辛奋斗。新民主主义革命时期,党团结带领广大农民'打土豪、分田地',实行'耕者有其田',帮助穷苦人翻身得解放,赢得了最广大人民广泛支持和拥护,夺取了中国革命胜利,建立了新中国,为摆脱贫困创造了根本政治条件。新中国成立后,党团结带领人民完成社会主义革命,确立社会主义基本制度,推进社会主义建设,组织人民自力更生、发愤图强、重整山河,为摆脱贫困、改善人民生活打下了坚实基础。改革开放以来,党团结带领人民实施了大规模、有计划、有组织的扶贫开发,着力解放和发展社会生产力,着力保障和改善民生,取得了前所未有的伟大成就。"①

二十世纪初,萧山农村和中国绝大部分地区一样,"地少农穷"。加之天灾人祸,粮食歉收,农民越发陷入绝境。1920年1月1日,早期中共党员沈定一在《除夕》中写道:"富家日日吃年饭。若说柴米油盐一切陈债都要还?穷人日日过年关。富人只愁有得吃,穷人只想免得逼。逼的只管逼!吃的只管吃!一年三百六十日,究竟那天算除夕。"②谁来解决农民的苦难,谁来领导农民?1921年7月,红船起航。四十多天以后,萧山就爆发了党领导之下的衙前农民运动,对这个问题进行了回答——中国共产党。在中共早期党员沈定一、李成虎等领导下的衙前农民运动,开创了中共百年党史中"开办了第一所农民子女小学校、发动了第一场农民运动、成立了第一个农民协会、颁布了第一个农民革命纲领"这四个"第一",由此也被誉为"全国农民运动的历史上最先发轫者"。③百年来,守护红色根脉,弘扬红色农运精神。一百年来,萧山在党领导下,从衙前农民运动到土地改革、钱塘江围垦,从社办企业到民营经济;从环境污染到美丽乡村,为党解决"农—地"问题提供了丰厚的历史资源和实践经验。

---

① 《习近平:在全国脱贫攻坚总结表彰大会上的讲话》,中青在线,http://news.cyol.com/gb/articles/2021-02/25。

② 沈定一:《除夕》,《民国日报》副刊《觉悟》1920年1月1日。

③ 中共浙江省委党史资料征集委员会、中共萧山县委党史资料征集研究委员会编:《衙前农民运动》,中共党史资料出版社,1987年,第58页。

第一，在实干中，解决农民"地少"问题。萧山农民面对失地少地、租地佃地的困境，在共产党人的启发和发动下，萧山农民积极投入捍卫自身权益的斗争，爆发了党领导之下的衙前农民运动，涌现出李成虎、单夏兰、钟阿马等一批农民积极分子，寄托了"农者有其地"的美好愿望。土改解放了农村的生产力，极大地提高了农民的生产积极性，但并未解决人多地少的问题，同时钱塘江沿江"坍江决堤"的水患危机重重。开展大规模的围垦不但充分利用了滩涂资源，增加耕地面积，更是为生态治理提供了范例，运用人民的智慧和力量减少自然给人类造成的灾害，更有底气、更有把握地战胜自然界带来的灾害。

第二，让农民从"田里"到"厂里"，解决农民"致富"问题。萧山农民在党的领导下，结合当地的实情发展经济，没有眼高手低的设计规划，没有脱离实际的纸上谈兵，而是脚踏实地、因地制宜。萧山的乡村副业和乡镇企业是当地经济腾飞的窍门所在。萧山花边远销海外，声名远扬，是萧山的金名片；砖厂、土丝厂、绸厂、布厂、化纤厂等乡镇企业、民营经济蓬勃发展。

第三，用绿色GDP引领乡村振兴，解决了农民对"美好生活"的向往问题。在新时代的经济建设中，当遇到环境保护与经济发展并进的难题时，在基层党组织和党员同志的率领下，萧山各乡村群众利用智慧，创造性地运用生态旅游、文体旅游化解新时代农村发展的难题。华丽转身后的萧山乡村转向了绿色经济、生态经济、文化经济，实现了萧山"农—地"和谐的高质量发展。党领导下萧山乡村百年"农—地"关系嬗变，充分彰显了萧山速度、萧山标准、萧山情怀。

探源百年来中共解决"农—地"关系红色根脉，赓续衙前农民运动精神。受中共萧山区衙前镇委员会和衙前镇人民政府委托，杭州师范大学历史学系周东华教授和姚苏芸、叶桐炯、朱鸽妮、李超群、潘丽霞、钟淏楠、吴心如、靳取、林新雯、邱逸、徐樱姿、许晴、柯敏杰、殷兴潮、张哲欣、车怡宁、赵秀秀、周佳颖、俞洁、朱婧、祁欣雁、朱佳逸、楼灵颖、俞清芳、徐慧颖、蒋致知、余艳芬、姜伊宁、朱雅萍等同学一起，结合公共史学理论与实践课程，查阅、整理、录入有关衙前农民运动的文献资料，从中共领导下的农民运动发源地、上海共产党早期组织成立的衙前因素、衙前"三农"问题及其出路、沈定一和衙前农民运动、李成虎的抉择、党领导下的第一所农民子弟学校、秋之白华、走入歧途的东乡自治、沈定一之死和赓续衙前农运火种等方面展开讨论、撰写和修改,共同完成了这本通俗易懂而不失学术味的书稿。本书也因此是杭州师范大学"公共史学丛书"之一。

全书由周东华教授拟定篇章目录、修改并统稿。中共浙江省委党史和文献研究室孙瑛处长审读并提出了中肯的修改建议。杭州师范大学浙江省民国史研究中心陶水木教授提供了《沈定一文集》电子版和未完稿的《沈定一传》供课题组参考。此外,周东华、陶水木、王才友、胡悦晗和刘华章以本书为脚本,录制了《衙前农民运动党史十讲》。中共萧山区衙前镇委员会施海勇书记,中共萧山区衙前镇委员会副书记、衙前镇人民政府镇长杨芳,镇宣传委员肖锋等同志,为本书立项、出版提供了诸多帮助。

今年是衙前农民运动一百周年,也是杭州师范大学前身浙江第一师范师生刘大白、宣中华等创办衙前农村小学校一百周年。仅以此书纪念筚路蓝缕的先烈先贤们!

周东华

2021年5月20日

目　录

第一章　衙前与上海共产党早期组织的成立 ……………………1

一、《星期评论》与马克思主义传播 ………………………1

二、上海马克思主义研究会 ……………………………9

三、上海共产党早期组织中的衙前因素 ………………16

第二章　衙前"三农"问题及其出路 ……………………23

一、衙前区域区位和自然环境 …………………………23

二、二十世纪初衙前频遭自然灾害 …………………26

三、衙前农民深陷生活困境 ……………………………31

第三章　沈定一和衙前农民运动 ………………………41

一、沈定一的农民观 ……………………………………41

二、沈定一发动衙前农民运动 …………………………48

三、沈定一的地位和作用评判 …………………………55

第四章　李成虎的抉择 ……………………………………61

一、困苦的农民 …………………………………………61

二、他的抉择 ……………………………………………66

三、"其余没有人了么？" ………………………………72

第五章 党领导下的第一所农民子弟学校 …………… 79

一、深入农村,教育农民 …………………………… 79

二、乡下人的学府 …………………………………… 84

三、我们的第一步踏进去了 ………………………… 89

第六章 秋之白华 ……………………………………… 97

一、旧时代的新女性 ………………………………… 97

二、妇女解放先锋 …………………………………… 105

三、中共妇运领袖之一 ……………………………… 113

第七章 走入歧途的东乡自治 ……………………… 123

一、源自孙中山的农村自治思想 …………………… 123

二、萧山东乡自治尝试 ……………………………… 127

三、东乡自治是非得失 ……………………………… 130

第八章 沈定一之死 ………………………………… 133

一、被刺前夜 ………………………………………… 133

二、被刺及缉凶 ……………………………………… 138

三、遇刺之谜 ………………………………………… 144

第九章 赓续衙前农运火种 ………………………… 153

一、重返衙前观农运 ………………………………… 154

二、凤凰涅槃奔小康 ………………………………… 156

三、红色沃土变金土 ………………………………… 161

后 记 ………………………………………………… 167

第一章　衙前与上海共产党早期组织的成立

上海是近代中国社会的缩影,这里有着流窜在街头的"包打听"、唯利是图的商人和帮会势力、争权夺利的政客、翻手为云覆手为雨的军阀与帝国主义代理人,这里也有贫困的劳动者、激情洋溢的学生、致力于改造社会的志士仁人。上海充斥着黑暗腐朽,同时也孕育着光明与希望。随着《新青年》《民国日报》《星期评论》开创并不断宣传新思想、新文化,维经斯基运动引发工人罢工,马克思列宁主义理论在工人群体中播种,开放出新的力量之花。在困惑与挣扎中,一个带着中国社会希望的组织冲破黑暗,在上海落地生根,它就是上海共产党早期组织。沈定一在推动上海共产党早期组织成立的过程中发挥着重要作用。

经过五四运动洗礼的沈定一也把马克思主义称为指路明灯,说"是马克思等发明了这种造福世界的主义,我们正在没路走的时候,前面发见了这盏明灯,在我们自己认定这是正义人道的大路,便努力向前进行。后面也有寻不到路的人,我们这些宣传者就是通告他们的指路碑"。[①] 因而也置身于马克思主义传播,并做出了重要贡献。他主编《星期评论》,鼓吹劳工运动,宣传社会主义;他以星期评论社的名义,约请陈望道翻译了《共产党宣言》第一个全译本;他辛勤笔耕,写了大量论著,介绍和宣传马克思主义的一些基本理论和观点。

一、《星期评论》与马克思主义传播

五四运动之后,众多进步刊物出现在上海这座充满馥郁新思想气息

---

① 沈玄庐:《竞争与互助》,《星期评论》第6号,1919年7月13日。

的城市里，它们的出现是当时整个时代的产物。1919年6月8日，又一个全新的刊物诞生了——《星期评论》。如同众多如它一般的刊物一样，《星期评论》深受维经斯基运动的影响，是维经斯基运动时期的著名进步刊物之一。沈定一作为《星期评论》的主要创办人之一，为这份刊物付出了巨大的心血。不仅这份刊物的创办地点在他上海的居所，而且资金也由沈定一筹集。此外他还担负起主编、写稿、审稿，甚至是发行的工作。由此可见，《星期评论》的诞生与发展是离不开沈定一的。

（一）五四运动

1919年，巴黎和会的召开吸引了全球的目光。此时，沈定一因反对杨德善督浙而被通缉，万般无奈之下，他只得避居上海，继续进行反帝反封建的斗争工作。沈定一密切地关注着巴黎和会的进程。然而巴黎和会的走向让人失望，中国外交失败使得群情激愤，终于在5月4日爆发了中国新旧民主革命运动的伟大转折事件——五四运动。

五四运动爆发后，沈定一积极地投入了这股反帝反封建的爱国主义运动潮流之中。运动初期，北京作为运动中心，青年学生是为主力先锋。北京学生游行示威运动的消息传至上海后，上海二十八个团体议决于5月7日召开国民大会。沈定一闻讯后致电浙江省议会，提出"和议危殆，东隅将逝，一部割裂，全国沦胥，国民莫惮军阀为卖国中坚，一对于日本，应收回山东青岛及一切秘约所损失之国家权利。二惩办卖国犯，庚日上海举行国民大会，自决进行，盼一致精进，力救危亡"。[①]沈定一提出对日争取收回山东权利、惩治卖国犯两项目标，可谓切中要害，为杭州维经斯基运动到来提供了一定的思想动员。在《解决山东问题的真力量》一文中，沈定一肯定了广大学生群体对社会革命的重要作用，但他指出，如果仅仅依靠青年学生，想要推倒这腐朽的统治，想要建立起真正的民主共和，想要让国民都能够享受到自己应有的权利，那是远远不够的。要想真

---

① 沈定一：《致浙江省议会电》，《民国日报》1919年5月7日。

正实现反帝反封建的革命目标,就必须坚信,除了学生以外,包括广大的工人、农民群体在内的全体国民是拥有真力量的,只有真正发动亿万民众,才有可能实现革命的成功。他说:"这学生的力量和工人的力量总和起来,一个绞脑筋,一个运肌肉,一个挥笔头,一个拿锉刀,一般国民,齐心并力,学著他们做去,便是解决山东问题的真力量。"①这篇文章的发表,打破了国民将革命成功之希望寄托于欧美列强的不切实际的幻想,也鼓舞了工人阶级和各界人民的革命斗志。他们争先恐后地加入五四运动,将这场伟大抗争推向了另一个高潮。

6月5日,北京示威学生被拘捕的消息触发了全国性的声援运动,上海工人罢工、商人罢市、学生罢课的"三罢"斗争使五四运动完成了运动中心由北京移至上海,运动主力由学生变为工人的转变。然而"三罢"斗争虽声势浩大,却立即遭到了当地军阀的镇压。沈定一闻讯,于6月8日在其主编的《星期评论》周刊中刊登《民国政府对于人民用不着一个威字》一文,"从忍痛受苦中罢课罢市,演出那救国救民的活剧,只(这)一种悲壮苍凉,便禁不住两行热泪",同时他愤懑抨击了反动军阀为虎作伥,"击沉人民公共性"的恶劣行径,表达了对"三罢"斗争的全力支持和由衷钦佩。②

6月10日,北京政府迫于呼声压力,只得罢免了曹汝霖、陆宗舆、章宗祥三人的职务,上海在一片欢呼声中开始筹备复工、复市与复课的事宜。在"三罢"斗争取得胜利的喜悦下,沈定一进一步认识到了工人、国民以及民众运动蕴藏的潜力。他于6月15日发表了《上海罢工的将来》和短文《随便谈》,文章不仅高度赞扬了上海的罢工运动,同时还为以驱除外侮、诛除国贼为目的的工人运动做出了理论指导:只有"严密信条、合乎道德、公理、正义的""不为政客或军人所利用的"③工会组织,才能够积极动作,领导工人达到罢工目的。

随后沈定一又在6月22日的《星期评论》上发表《告一段落》一文,感

---

① 玄庐:《解决山东问题的真力量》,《民国日报》1919年5月19日。

② 沈定一:《民国政府对于人民用不着一个威字》,《星期评论》1919年6月8日。

③ 玄庐:《上海罢工的将来》,《星期评论》1919年6月15日。

图为《星期评论》载《上海罢工的将来》一文

叹称赞了民众运动的伟大力量,五四运动爆发,"霹雳一声,人民拿出了担负国家责任的真面目,罢免曹汝霖、陆宗舆、章宗祥三个卖国贼,表现民主立宪国第一遭的精神",中华民国由"人民行使国家主权"了。①具有划时代意义的五四运动最终以拒绝签署和约实现了基本胜利,无产阶级登上了历史政治舞台,开启了新的革命时代。而沈定一在维经斯基运动期间,对运动的指导和推进有着卓越的贡献。维经斯基运动在上海的传播,不仅使沈定一深刻认识到了人民的思想力量与实践力量,还看到这股力量不断在实践中获得成功,使得马克思主义得到广泛传播,为上海马克思主义研究会以及之后中国共产党早期组织的成立打下了基础。

(二)《星期评论》创刊

在上海"三罢"斗争的高潮中,6月8日,一个被当时舆论界称为最亮的明星之一的刊物——《星期评论》在上海诞生了!它由戴季陶、沈定一、孙棣三创办编辑,是以孙中山为首的资产阶级革命党人在五四运动的启迪下,主动投入新文化运动大潮,力图通过舆论宣传,开启民智,唤醒民众,以改造社会的尝试。《星期评论》的办刊宗旨主要体现在三个方面:

首先是"独立的精神与自由的精神"。沈定一在《星期评论》创刊当

———————

① 沈定一:《告一段落》,《星期评论》1919年6月22日。

日,曾在刊物上发表过这样一段话语:"我说,我是我的我,一切世界,都从心里的思想创造出来。这个心原是我一个人的心,却凡是人都有心,就都有我。合众我众心的思想和意识,就是创造或改造世界的根本。"还提及了"我的世界"与"我的国家"。①不难看出,《星期评论》将自我的观点与意识深深地与时代相联系,而这样的观点更是从自我的思考中诞生的。

"出版自由原来与言论自由相表里,因为思想不能制限,进化也无止境,所以由思想发生的言论,不受一切法律的束缚。"②沈定一是一位知识分子,在他的世界里,与文字有关的领域就是他所钟爱的一切,而其中的出版自由与言论自由,是沈定一对自由的精神最重视的关注点。

沈定一于《星期评论》上发表的《版权自由与出版自由》

其次是"批判的态度"。"我们星期评论的任务就是对于哲学、文艺、社会、政治的自由批判。这半年来我们的努力,就是在这'自由批判'上的努力。"③"把我们所自信的彻底的思索,明白的理会,切实的主张,写了出来,供天下人研究,求天下人批评。"④这两句体现了两个方面,一个是《星期评论》将对众多领域开展批判,另一个是《星期评论》将接受其他人对自身的评判。"批判的态度"展现了《星期评论》对于社会发展和自我发展的重视。

如对于政治方面,《星期评论》的批判是不留情面的。"军阀党既击沉

① 沈定一:《发刊词》,《星期评论》1919年6月8日。

② 沈定一:《版权所有和出版自由》,《星期评论》1920年2月8日。

③ 本社同人:《星期评论半年来的努力》,《星期评论》1919年11月30日。

④ 戴季陶等:《星期评论出版》,《民国日报》1919年6月3日。

了人民的公共性，便把威权来占领了公共性的位置，于是国会可解散，便可篡夺！法律可破坏，便可意造！……一般趋炎附势的政客，既经明目张胆，倡导'中央威信'，便无怪他们对于爱国运动的国民，敢说'外损邦交、内堕威信'的话。并且公然'为虎作伥'拘捕我可敬可爱的学生。"①沈定一先是奋力批判政府用权威篡夺人民的公共权利，指责政府解散国会、破坏法律，更是有针对性地指出政府篡夺国会、意造法律的可能性。沈定一言辞激烈，一针见血。而后沈定一笔锋一转，再提及自己被拘捕的学生，可见在强烈的批判态度之下，有着一片充满爱的柔软内心。

最后是"提倡新文化，宣传社会主义"。"中国人已经晓得旧思想旧政治旧社会的不好，但是却不晓得用什么新的东西去代他。所以我们的'宣传事业'比一切事业都要紧。"②因为这样，《星期评论》肩负起了提倡新文化、宣传社会主义的任务。这本刊物之中的重要内容有提倡新文化、反对旧文化，提倡新道德、反对旧道德，主张个性解放、婚姻自由、劳工神圣。这些重要内容，不仅走在了某些领域的最前沿，更是走在了整个时代的最前沿。

"咦！这一片干净土上，已经被旧思想的旧文学占领许多年了。现在我们要在这片土地上下种子，暂时要认他作为战场，能够在这个战场上把旧东西扫除得干干净净，才算得完全光复了领土。我希望提起笔来替人写字的青年，就此杀进去罢。"③沈定一对于新文化的宣传是坚决的，他认为新文化与旧文化之间是一个战场，而非一个可以温和变化的领域。但是沈定一认为要将旧东西全部扫除，这

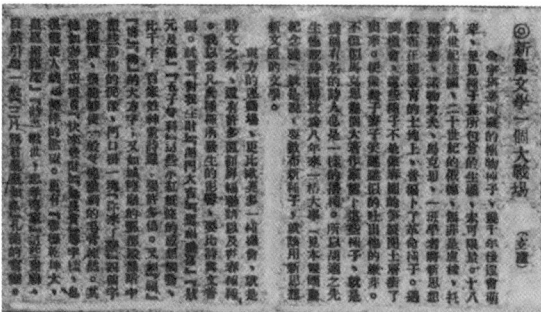

沈定一（玄庐）发表于《星期评论》上的《新旧文学一个大战场》

① 沈定一：《民国政府对于人民用不着一个威字》，《星期评论》1919年6月8日。
② 沈定一：《海外同胞注意》，《星期评论》第2、第3、第5号中缝处。
③ 玄庐：《新旧文学一个大战场》，《星期评论》1919年11月16日。

其实落入了一定的局限之中。

如果说创刊宗旨是沈定一在《星期评论》上研究的起点，那么研究方向就更加表明了沈定一在《星期评论》上所倾注的心血。而在众多的研究方面之中，沈定一对马克思主义给予了特别的关注，这推动了马克思主义的传播。

《星期评论》抓住了马克思主义学说的三个重要内容进行宣传，分别是"唯物史观""剩余价值说"和"阶级斗争学说"。

沈定一对于马克思主义的理解是逐渐加深的，尤其在"阶级斗争学说"这一方面。最初，沈定一还抱有着社会各个阶级相互帮助的思想。"分子与全体相互相助，各家不过包容各个人互助的进步，为国家的进步，便是全体的进步，我再设一最浅明比例，互助譬如分工种田。"①但是随着时间的推进，沈定一逐渐认识到马克思主义的正确。《星期评论》不是简单地对阶级斗争学说进行宣传，而是对其进行了有呼吁的思考。"劳动者依旧是卖他的寿命、资本家依旧是吃着劳动者底寿命。劳动者如果想要得到均平的待遇，非打破这道资本和劳动两重阶级重新建设新的社会不可。"②在这里，沈定一对劳动者喊出了打破阶级建设新社会的口号，这足以证明沈定一开始以结合实际的方式积极地宣传着马克思主义。

除了对不同阶级之间关系的认识发生转变之外，在"阶级斗争学说"部分，《星期评论》还着重提到了阶级斗争的重要成果——十月革命后的俄国与国际共产主义运动。

在"十月革命后的俄国"方面，《星期评论》先后发表了《联合国对俄政策的变动》（第17号）、《劳农政府治下的俄国》（第39号）、《俄国劳农政府通告的真义》、《为什么要赞同俄国劳农政府的通告》、《俄罗斯社会党联邦苏维埃共和国新纪元两年的故事》（以上为第49号）等文章，不仅详细介绍分析了革命后的俄国的部分国事，更是对革命后的俄国采取的系列措

---

① 沈定一：《竞争与互助》，《星期评论》1919年7月13日。
② 沈定一：《工人应有的觉悟》，《星期评论》1920年4月18日。

施进行了高度的评价。十月革命之后,沈定一曾经受孙中山的委托,前往俄国进行考察,在《星期评论》中,也不难找到与十月革命后的俄国相关的文章。可以说,这个并不算太遥远的国家,通过《星期评论》进一步拉近了与中国的距离。而提到俄国,则必然会让人想到国际共产主义运动。

在"国际共产主义运动"方面,《星期评论》不仅报道了先后出现的三个共产国际组织,如《星期评论》曾对第一国际进行了这样的评价,"这个万国同盟虽然消失了,但是,他的精神还是有健全的生命的。他对天下宣言的精神进到了人的思想中,现在还在继续活动。他这个精神又在新名称下,重新发起了世界运动(指第三国际)。"①更是报道了一些领导社会主义革命的领袖,如马克思、恩格斯、列宁、李卜克内西、卢森堡。

沈定一发表于《星期评论》上的《工人应有的觉悟》

此外,《星期评论》还是一个吸引、培养人才的重要阵地。在"一师风潮"爆发后,被称为浙江第一师范学校"四大金刚"之一的语文主任教员刘大白离开杭州,前往上海与沈定一共同编写《星期评论》。他同刘大白一起在《星期评论》以及《民国日报》的副刊《觉悟》上发表了大量的白话文诗歌,深深助力了新文化运动的开展。

就是这样,一本又一本、一期又一期的《星期评论》承载了无数进步思

_____

① 沈定一:《劳动者与"国际运动"》,《星期评论》第51、52、53号。

想,并且将这些思想汇聚成一条清澈的河流,在那个充满混沌的年代里,由上海开始,冲刷出一道走向光明的道路。沈定一便是这条道路上最勤恳的耕耘者。

沈定一说:"我是离了我底原有阶级的一个人。我认识我身上的血肉,就是无数农工的血肉构成;星期评论虽然中止,我们还是要把我们的血肉点点滴滴还与农夫工人,才算了得我一身的债。我不多日子,要和几个朋友到别处去,学校的事,也就不能由我们继续办了。前途的光明,还望大家张开眼睛,自己去看。放开脚步,自己前进!"①纵观历史长河,《星期评论》的存在是短暂的,仅仅从1919年6月至1920年6月这样短短的一年。但是《星期评论》意义却是巨大的。周恩来主编的《觉悟》更是鼎力推荐:"诸君不满意现在的世界么?该打破是哪些?该解放是哪些?该建设是哪些?请看《星期评论》。"②

《星期评论》对于沈定一来说,是承载他思想、发展他思想的阵地,同时也是各个思想相互交流碰撞的阵地。而《星期评论》的停刊,并不能阻止马克思主义思想在中国的传播。相反,《星期评论》因帝国主义、北洋军阀等反动势力的反对而停刊,只能证明帝国主义和北洋军阀的怯懦和不正义。正像沈定一在《星期评论》停刊后所写的这封信里的内容一样——放开脚步,自己前进! 无论是沈定一、马克思主义还是中国,都在那个时代里,永不停步地前进!

二、上海马克思主义研究会

1920年8月,在上海法租界环龙路老渔阳里2号的陈独秀寓所中,中国共产党的第一个组织——上海共产党早期组织——在共产国际的帮助下成立。陈独秀被选为书记,成员先后有李汉俊、沈玄庐、陈望道、俞秀松、施存统等十余人。上海共产党早期组织,于中国乃至欧洲、日本中国

---

① 沈定一:《星期评论停刊后……——复傲霜》,《民国日报》副刊《觉悟》1920年6月8日。
② 引自陶水禾教授的未竟稿《沈定一传》。

共产党早期组织的建立中发挥了重要的指导与推动作用,不但积极宣传马克思主义,还主动践行了指导和开展工人运动等组织工作。①在轰轰烈烈的新文化思潮中,上海共产党早期组织的成立为日后中国共产党的成立奠定了重要基础。

在上海共产党早期组织成立前,陈独秀等人在上海成立的第一个组织名为"上海马克思主义研究会"。该研究会的诞生,不仅推动了党早期组织的建立,同时也催生了中国共产党。在这过程之中,衙前人沈定一为上海共产党早期组织的成立做出了卓越贡献。

(一)发起全本《共产党宣言》翻译

二十世纪二十年代的上海,充斥着五花八门的恶势力、光怪陆离的现象。在一潭泥沼中,上海共产党早期组织的出现,为其注入了新的生命力。小组成员开展马克思主义宣传活动,推动并领导工人运动,建立社会主义青年团……凡此种种,沈定一皆积极参与,事事上心。

早期共产主义者在接触马克思列宁主义思想后,开始认识到马克思主义著作的中译本极其匮乏。陈独秀曾发出"中国共产主义运动的基础薄弱,至今连马克思的《共产党宣言》都没有中文译本"②的感叹。《共产党宣言》是科学共产主义的纲领性文献,李大钊、陈独秀在北京读了该书的英文版后,认为应当尽快将此书译成中文。戴季陶在主编《星期评论》期间,鉴于宣传马克思主义的必要,也正打算物色一位合适人选翻译此书。不久,邵力子向戴季陶推荐了陈望道。1920年初,星期评论社约请陈望道翻译《共产党宣言》,准备在《星期评论》上刊登。陈望道是浙江义乌人,与《星期评论》主编沈定一、戴季陶是同乡。早年他曾留学日本,攻读法律,兼学经济、物理、数学、哲学、文学。五四运动爆发时,他正执教于浙江第一师范学校,因积极倡导新文化运动,特别是支持"一师风潮",被当局

---

① 徐光寿:《中国共产党上海发起组成立百年记》,《档案春秋》2020年第6期。

② 中国社会科学院现代史研究室、中国革命博物馆党史研究室编:《"一大"前后》(二),人民出版社,1980年,第142页。

解聘。而刚遭解聘的陈望道也正好苦于没有机会来更好地宣传马克思主义，眼见面前刚好有这么一个大好机会，因此便不假思索地答应了星期评论社想请他翻译《共产党宣言》的任务。

1920年2月，陈望道回到家乡义乌，着手从事翻译《共产党宣言》的工作。在简陋的木房屋中，一块铺板、两条长凳变成了书桌兼睡床，陈望道夜以继日、全身心地投入翻译工作，艰苦的生活环境没有影响他火热的心。不到三个月时间，陈望道翻译完成了全本《共产党宣言》，来到了上海。

沈定一曾说："凡研究《资本论》这个学说系统的人，不能不看《共产党宣言》，所以望道先生费了平常译书的五倍功夫，把彼全文译了出来，经陈独秀、李汉俊两先生校对。"[1] 由于《星期评论》突然停刊，译稿未能按计划在该刊刊登，遂改由社会主义研究社作为社会主义小丛书的第一种于同年8月正式出版。译本出版后，受到广大进步知识分子的热烈欢迎，初版的一千册，很快被赠售一空。读者纷纷向沈定一和星期评论社询问购买事宜，由于咨询人员和问题数量众多，沈定一只好借《民国日报》副刊《觉悟》发表《答人问〈共产党宣言〉底发行》的公开信作为回复。

　　慧心，明泉，秋心，丹初，P·A：

　　你们来信问《陈译马格斯共产党宣言》的买处，因为问的人多，没工夫一一回信，所以借本栏答复你们问的话：

　　一、"社会主义研究社"我不知道在哪里。我看的一本是陈独秀先生给我的。独秀先生是到"新青年社"拿来的，新青年社在"法大马路大自鸣钟对面"。

　　二、这本书底内容，《新青年》《国民》——北京大学出版社——《晨报》都零零碎碎译出过几章或几节的。凡研究《资本论》这个学说系统的人，不能不看《共产党宣言》，所以望道先生费了平常译书的五倍工夫，把彼全文译了出来，经陈独秀、李汉俊两先生校对。可惜还

---

① 沈定一：《答人问〈共产党宣言〉底发行》，《民国日报》副刊《觉悟》1920年9月30日。

有些错误的地方,好在初版已经快完了,再版的时候,我很希望陈望道先生亲自校勘一道(遍)!①

从这封公开信中可以得知:沈定一是翻译《共产党宣言》的主要组织者,他不但对《共产党宣言》在国内的翻译情况非常了解,而且对《共产党宣言》以至马克思主义学说的研究已达到相当的高度。

(二)支持工人运动

维经斯基运动的基本胜利使沈定一确信:国民就是革命获胜的保证,是革命斗争的坚实力量,只有真正发动群众,革命才有胜利的希望。他在维经斯基运动取得基本胜利后并未停止对群众进行"站起来革命"的宣传与呼吁,而且将重心转移到了工人群体上。沈定一与其他接受马克思主义思想的进步知识分子一样,认为阶级之间的"互助"无疑是异想天开;②中国的劳动者若是想要获得良好的生存与劳动环境,就需要靠自己的力量向万恶的官僚与资本家发动猛烈进攻。③因此在这一时期,沈定一积极开展中国工人阶级的状况研究,向广大的工人群体宣传马克思主义和"劳工神圣",指导工人罢工和组织工会,为该时期的工人运动做出了重要的贡献,同时也为上海马克思主义研究会的成立与党组织的建立奠定了一定的舆论氛围与阶级基础。

首先,沈定一直接为工人运动指明了方向。1920年4月18日,在《工人应有的觉悟》一文中,沈定一以慷慨激昂的腔调、通俗热血的文风明确地告诉工人:资本主义制度,是一个具有劣根性的制度,它是广大人民面对的一切剥削和压迫的源泉,也正是资本主义制度,才使得工人群体受到不平等的待遇,因此只有"打破阶级努力奋斗""非打破这道资本和劳动两重阶级重新建设新的社会",才能"各尽所能、各取所需"。这些慷慨陈词,

---

① 沈定一:《答人问〈共产党宣言〉底发行》,《民国日报》副刊《觉悟》1920年9月30日。
② 先进:《三益主义》,《星期评论》1920年3月14日。
③ 戴季陶:《中国劳动问题的现状》,《星期评论》1920年2月1日。

为工人阶级的斗争提出了明确的抗争目标。

其次,沈定一将马克思主义的劳动价值论和剩余价值论,与工人的实际生活结合起来,用通俗的语言号召工人为推翻资本主义而斗争。1920年4月28日,在《复一个工人的信》中,沈定一将工人群体,无论"种田、种地、纺花、织布、种桑树、看蚕、做泥水、做木匠、做裁缝、打铁、烧砖瓦",都定义为"靠气力吃饭的人"。[①]他以简洁明了的语言指出,"天下凡经过人的手做出来的东西,都是靠气力做工吃饭的人的东西",资本家是强盗阶级,只有劳工团结起来,以革命的手段努力奋争,才能从强盗阶级的手上拿回属于自己的东西。沈定一对工人同胞和资本家的定义与言辞上的鼓舞,一定程度上激发了工人开展革命斗争的激情,为劳工群体共同目标的实现而奋进。

最后,沈定一主张建立真正的工人团体,非常重视代表工人阶级利益的工会组织工作。五四之后,不少工人群体,在"劳工神圣"的呼声之中,如雨后春笋般破土而出。然而这些团体或被资本家把控,或被反动政客所用,无法真正发挥工人阶级的力量,无法真正起到革命的作用。因此沈定一认为,想要打破劳工与资本之间的阶级隔阂,就必须建立真正代表工人利益的工会组织,由它们领导工人获取胜利。除提出理论外,沈定一还积极投入实践:1920年4月2日,在陈独秀的带领下,沈定一与李汉俊等人发起成立了上海船务栈房工界联合会;同年5月1日,他又随陈独秀开展大规模的劳动节纪念活动。沈定一用理论指导实践,勇敢尝试社会运动,对工人运动的开展起了推动作用,也唤醒了藏于国民心中的革命力量。

(三)共同成立上海马克思主义研究会

五四与工人运动的开展,使上海民众心中的爱国之情被熊熊点燃,他们看透了当权者的反动本质,痛恨那只会一味为虎作伥、粉饰太平

---

① 沈定一:《复一个工人的信》,《民国日报》副刊《觉悟》1920年4月28日。

的卖国统治者。然而这些烈火在广阔的土地上星星点点地存在着,缺乏一根能够将它们连接起来的线,一双能够将火焰聚集、爆发出更大力量的大手。

1920年,是普通而又特殊的一年,五四之后的短暂平静之下实则潮流涌动,上海这块全国思想发展前列的沃土抽出了凝聚成线的细丝:1月,上海《民国日报》主编邵力子发表了《劳动团体与政党》,提出"劳动团体应当自己起来做个大政党",该言论石破天惊,激起了各方共产主义者对建立无产阶级政党的热烈讨论。同月,有"南陈北李"之称的宣传马克思主义之代表人物陈独秀,在与李大钊思考中国未来的革命道路问题以及建党问题后,由李大钊亲自护送离京至天津,南下抵达上海。3月,俄共(布)远东局维经斯基率代表团来到中国,与之同行的还有已加入俄共的翻译杨明斋。维经斯基等人抵达北京之后,李大钊友好地会见了这位远方的客人,畅言对马克思主义与十月革命的心得,并提出了组建共产党,领导人民反抗压迫、免受屈辱的伟大想法,维经斯基欣然表示愿意协助中国建党。随后李大钊介绍维经斯基等人到上海拜访陈独秀,共同商讨建党之事。各方力量聚集,陈独秀等人成为那根将上海各处的共产主义力量和马克思主义者联合起来的线,为这座城市的革命运动注入新的活力。而这之中,沈定一也起到了重要的作用。

维经斯基一行人到上海后,先是顺利会见了陈独秀,接着沈定一、李汉俊以及戴季陶经过陈独秀的介绍与维经斯基等人进行了会谈。在举行了多次座谈后,一些先进的早期共产主义者更为清晰地认识到了苏俄与俄共的情况,众人不约而同地达成了共识——中国若是想要取得革命的胜利,改变屈辱的历史,使人民的生活发生翻天覆地的变化,就必须要"走俄国人的路"。"在这个时候,'中国共产党'发起的事被列入了日程"。①不久陈独秀在上海出版《新青年》"劳动节纪念号",文章翻译载录了苏俄劳动法典,进一步向大众宣传劳工运动。沈定一积极响应,在其主编的

---

① 本社编:《一大回忆录》,知识出版社,1980年,第13页。

《星期评论》上发表了《星期评论劳动纪念号》一文,与《新青年》的文章交相辉映。历史的洪流滚滚而来,再动荡的局面都阻挡不住各方志士仁人的聚集,再难解的困境都无法阻止希望的种子破土发芽。随着条件的不断成熟,1920年5月,上海马克思主义研究会终于成立。研究会由陈独秀负责,成员有李汉俊、沈定一、陈望道、俞秀松、施存统等。戴季陶、张东荪最初也参加过几次活动,但不久就退出了。

马克思主义研究会创立后,马克思主义者积极开展实践活动,活动大致分为两类:一类是教育活动,除工人夜校外,他们还创办平民女校,专门接收因接受进步思想而被家庭、学校赶出来的进步女青年,还开办了一所名为"社会主义青年团"(S.Y.)的青年学校,指导工人们如何争取改善劳动条件、缩短工时;另一类便是宣传马克思主义思想。[1]据陈望道回忆,1921年元旦时,研究会中的同志们曾在新年贺卡的正面写上祝福语,背面则印上宣传共产主义的口号,到处分发;《新青年》自第8卷起,成为党的机关报,旨在能够扩大马克思主义思想的影响,让更多的人投入到革命斗争中来。[2]种种活动,都表明了马克思主义研究会成员对待革命的认真态度与挽救中国危亡的努力。他们运用自己能够接触到的各种途径、各种手段,去动员更广大的群众,发展团结更有力的力量。

沈定一在上海马克思主义研究会成立之后,依旧从事着工人运动的研究指导。1920年,上海发生了四十多次罢工斗争,沈定一均密切关注着,并时常发表时评支持罢工运动。如1920年10月初,南洋公学发生了厨役罢工事件,原因是当时学生无故打死了一名厨工,为维护自身利益,南洋公学的厨役们起来罢工,声讨公正。沈定一当即发文表示,学生打死厨工是违法的,应该依照法律处置学生,劳工应该运用罢工这一有力武器来为不合理的待遇抗争。又如1921年3月3日,上海法租界电车工人为

①　马先睿、路宽:《短暂的同盟:中共上海早期组织成立前夕的马克思主义者与国民党人》,《上海党史与党建》2019年第12期。

②　陈望道:《回忆党成立时期的一些情况》,见刘朋主编:《中共党史口述实录》第一卷,中国古籍出版社,2010年,第37—38页。

增加工资、提高待遇而进行了全体罢工,法人立即同意了工人们的要求。沈定一获悉后,在《民国日报》发表了《飞行机》的诗加以评论,"一帆风,万里浪,船待高时水先涨,潮来都说'船高了',离著飞机还有数千丈",①意在表明工人罢工的运动需要长久坚持,不要因为资本家答应了诉求就止步不前,否则工人们只是获取了阶段性的胜利,并没有获得原本赢得的成果,反而落入了资本家狡猾设计的圈套。沈定一对工人罢工运动的指导,不但使自身对阶级斗争逐渐理解,还推进了上海工人运动的进程,进一步完善提升了自身对工人运动的理论。

陈望道说:"大家住的很近(都在法租界),经常在一起,反复的谈,越谈越觉得有组织中国共产党的必要,便组织了'马克思主义研究会'。"②研究会的成立,对于支持马克思主义的先进知识分子来说,是一个商讨未来革命路线及方向的阵地。它的诞生,不但代表着上海马克思主义者有了共同的组织,同时也催生了中国共产党。

三、上海共产党早期组织中的衙前因素

1928年沈定一被暗杀后,刘大白等曾组织"沈定一先生雪憾治丧委员会",该委员会为他撰写的传略也说:"1920年6月6日以后,因为特种原因,不得不停刊了(指《星期评论》)。停刊以后,社中同人,大多数都感觉到此后需要著一种主义的结合;恰好陈独秀因为《每周评论》被封,从北京出来,也住在上海。于是由陈独秀邀集先生(指沈定一)和李汉俊等,发起一个名称未定的社会主义的团体,这就是后来中国共产党结党雏形。"③这段叙事充分表明沈定一参与发起上海共产党早期组织的成立。

---

① 沈定一:《飞行机》,《民国日报》副刊《觉悟》1921年3月18日。
② 陈望道:《陈望道回忆》,载中国社会科学院现代史研究室、中国革命博物党史研究室选编《"一大"前后》(二),人民出版社,1980年,第20页。
③ 沈定一先生雪憾治丧委员会:《沈定一先生被难哀启》,转引自中共浙江省委党史资料征集委员会,中共萧山县委党史资料征集研究委员会编:《衙前农民运动》,第58页。

（一）上海共产党早期组织成立

五四运动的进行、《星期评论》的持续性发酵，在风雨飘摇的年代毅然树立起一面色彩鲜明的旗帜，引领着新文化、社会主义思想在中国的发展方向。在此期间，沈定一积极参与筹备建立马克思主义研究会，并注重将马克思主义理论与工人的实际生活相结合，支持工人罢工斗争，组织工会工作，力图建立工人团体。

马克思主义研究会的成立正式点亮了建党事宜。1920年7月19日，众人聚集在上海，举行了"中国积极分子会议"。在会议上，沈定一与陈独秀、李汉俊均立场坚定地赞成建立中国共产党，他们的态度也感染了其他人，施存统、俞秀松等人也纷纷表示同意他们的意见。①当时远赴日本留学，之后回到上海的李达多年以后回忆道，他匆忙赶回上海后，率先拜访了陈独秀，二人商讨组织建立社会革命党派的事情。陈独秀告知李达，他与李汉俊准备发起组织中共，并诚挚邀请李达一起做发起人，李达欣然同意。因此当时的发起人共有八人，其中就包括沈定一。②沈雁冰也说，大约是在1920年7月左右，陈独秀邀请他参加上海共产党早期组织，"小组的成员有陈独秀、张东荪、沈定一、李达、邵力子、李汉俊、周佛海，还有一些别人……小组刚成立时，沈定一是每次开会都到。"③

就这样，伴随着马克思主义研究会活动的进行，经过多次酝酿与筹备，1920年8月，中国第一个中国共产党早期组织在上海环龙路渔阳里2号《新青年》编辑部正式成立，陈独秀被推选为书记。1920年7月陈独秀曾说"研究马克思主义现在已经不是最主要的工作，现在需要立即组织一个共产党"，并说"组织中国共产党的意向，已和在上海的李汉俊、李达、陈望道、沈玄庐（即沈定一）、戴季陶、邵力子、施存统等人谈过。他们都一致

---

① 中国社会科学院现代史研究室、中国革命博物馆党史研究室选编：《"一大"前后》（三），人民出版社，1984年，第156页。

② 李达《李达自传》，《党史资料研究》1980年第8期。

③ 中国社会科学院现代史研究室、中国革命博物馆党史研究室选编：《"一大"前后》（一），人民出版社，1980年，第46页。

表示赞成"，"约在8月下旬，一切都如陈先生所说。中共最初发起人，也就是上海小组的组成人员陈独秀、李达、李汉俊、陈望道、沈定一、邵力子、施存统等7人"。陈公培回忆说："1920年五一运动前后，苏联第三国际的一个代表来到了《星期评论》社，大家都见了见面以后，开始正式酝酿中国共产党早期组织了。这年的六七月里，我们就在陈独秀家里开了一次会，有沈定一、戴季陶、李汉俊、刘大白、沈仲九、陈独秀、俞秀松、施复亮、陈公培共九个人参加。"①根据这些重要发起人的回忆，沈定一酝酿并参与了上海共产党早期组织的创建，这一点是确凿无疑的，而且他也是最早参加的成员之一，其支持建党的态度是坚定清晰的，他在组织创建上海共产党早期组织的过程中发挥着建设性的作用。

(二)宣扬马克思主义的工人运动观

《民国日报》副刊《觉悟》上刊载的沈定一撰著《"劳工神圣"底意义》

在《星期评论》被迫停刊后，其主编大都立刻转战至《民国日报》副刊《觉悟》，将舆论持续性发酵。沈定一便是这副刊的主要撰稿者之一，他在上面发表了多篇宣传马克思主义的文章，例如《"劳工神圣"底意义》《工人有组织团体的必要》《劳工专政》等等。然而上海作为近代中国最早开放的一批通商口岸之一、产业工人的聚集地，其宣传活动却是任重而道远。工人们长期遭受工会、帮会的思想控制、经济钳制，他们生活艰苦，工作时间长。但是数百年来天命论的阴霾笼罩在他们佝偻的身躯上，他们痛苦地生活，自认为永远

---

① 中国社会科学院现代史研究室、中国革命博物馆党史研究室选编：《"一大"前后》(二)，人民出版社，1980年，第46页。

无法摆脱"做工人天生命苦"的定数,却不知其根源在于不合理的社会制度以及阶级剥削。早期的共产主义者,他们从事的工作便是对工人们进行思想启蒙,灌输革命思想,宣传马克思列宁主义,发动并领导工人运动。

其中著名的《劳动界》便是一本对工人们进行革命思想启蒙教育的读物,该刊致力于将马克思列宁主义与工人运动紧密结合。沈定一作为上海小组的成员,主动为《劳动界》撰写稿件,在万马齐喑的年代,以笔为武器,以不断流动的刊物为媒介,让广大遭受剥削与压迫的工人们在社会上发出自己的声音。《卖力气的不是人么?》《价值与公道》《工人的滋味》等,几乎每篇文章都字字泣血,振聋发聩,诉说着工人们的诉求,宣传马克思主义思想,加深了民众对工人运动的认识。沈定一在1910年9月第五册中的《弟兄们!想想看!》中说道:"工厂里、田地上,一个工人流着汗,工人的母亲,工人的老婆,也一样陪着流汗。我们工人一家吃的饭,一颗颗都是一家人的汗珠化成的。我们流了一百滴汗,自己吃不到三四十滴,这六七十滴,到那[哪]里去了? 不都是被老板们,老爷们,太太奶奶们,小姐少爷们,一般有钱有势的吃了去么? 照这样看来,有钱的老板不比秋老虎还凶么?"《劳动界》的宣传在工人中引起了巨大的反响,陈文焕、量澄等工人纷纷表示,他们的许多工人同伴都很是喜爱《劳动界》,通过阅读上面的文章受到了启迪。

上海是产业聚集地,同时也是商业和服务业繁荣发达的地区,这些行业的工人们同样需要启蒙。沈定一注意到了上海这一特点,积极从事对这些人的宣传发动工作。1920年10月31日,他在上海店员周刊《上海伙友》发表了《强盗的奴隶》一文,毫不留情地向惶惶不可终日的店员们揭露资本家的丑恶面目,引导工人意识到自己的奴隶地位,斥责资本家丑恶的嘴脸。

除了宣传马克思列宁主义、向工人们灌输革命思想外,沈定一也投身于工人运动的前沿阵地,支持工人罢工斗争,号召组建真正的工人团体。而罢工运动的开展,让早期共产主义者意识到必须要有一个坚强的领导团体。沈定一提出,工人若是想要通过斗争谋求解放,则必须建立新型的代表广大工人利益的工会组织。于是1920年12月,沈定一与杨明斋等人组织成立"上海工人游艺会",在成立大会上,他发表了演讲,指出"工人是替世界上谋幸福的人,是替人类谋目的的人","这样神圣不可侵犯的工人,竟被资本家压迫了！真是可恼！我们此时应当要去抵抗他,我们此时就应该要有团体"。[1]1921年3月,他在《民国日报》副刊《觉悟》上发表了《工人有组织团体的必要》,更清晰明确地向工人们揭露了资本家剥削工人的实质,提出组织团体取得胜利的必要性。

除了工人以外,一大批经受革命洗礼的青年在风雨飘摇的年代中也看到了希望,他们渴求能够出现一个引导帮助他们的组织。在上海共产党早期组织的领导下,1920年8月22日,"第一个青年团建于上海,其原则是准备社会革命",[2]即社会主义青年团,俞秀松担任书记,沈定一等上海小组的成员纷纷加入了青年团。他们非常关心青年团的工作,团内有一些帮助团员学习马克思主义的政治报告会,沈定一也曾去演讲过。

中国社会主义青年团中
央机关旧址(上海)

外国语学社旧址

彼时,为了培养有意向赴俄学习的青年,9月,上海共产党早期组织建立了外国语学社——这也是我党第一所培养干部的学校。该学社通过

① 沈定一:《劳动界》第20册,1920年12月26日。
② 施复亮:《中国共产党成立时期的几个问题》,中国社会科学院现代史研究室、中国革命博物馆党史研究室选编:《"一大"前后》(二),第36页。

刊登报纸的方式招生,但是成效甚微,绝大部分青年是通过上海小组的成员介绍入学的,其中沈定一便大力引荐浙江的有志青年进入外国语学社学习。

从五四运动到《星期评论》,从马克思主义研究会再到上海共产党早期组织,"劳动团体应当自己起来做个大政党"这句话逐渐孕育、成熟直至最终成为现实。看似不过是短短一年的时间,其背后蕴藏着的却是一大批有志于实现民族振兴的有识之士多年来探寻和平民主、自由平等的光明之路的结果。在这段波澜壮阔的动荡岁月里,沈定一以笔为武器,以《星期评论》为主要舆论阵地,宣传马克思主义,启蒙民众思想;身先士卒,支持工人运动,积极组建工人团体,参与马克思主义研究会与上海共产党早期组织的建立,成立一个真正代表工人利益的政党也是他矢志不渝的事业。早期的共产主义者也都如沈定一一般,为了革命、为了民族、为了国家的事业,脚踩泥泞、身过荆棘,却坚定而英勇地前进,如此,才会有1921年7月这件开天辟地的大事的发生——中国共产党成立!

第二章　衙前"三农"问题及其出路

　　"三农"问题是近几年的热门话题。在近一百年前,衙前的农民问题着实令人担忧——农业发展停滞,地区不合理的封建生产关系依然牢牢存在;农民生活艰难,受到层层剥削,卖儿卖女,食草根树皮,或者洪水冲到岸边的破烂东西;农村的地主乡绅不愁饱暖,普通的雇农贫农却饥寒交迫,甚至饿死……人间炼狱不过如此。在如此艰难的情况下,衙前的民众实在无法忍受,然而一次次反抗,一次次失败,生命似乎已经走到了尽头。但是在无尽的黑暗中,似乎也有曙光在微微亮起……

一、衙前区域区位和自然环境

　　衙前,地处萧(山)绍(兴)平原,是浙东运河沿岸的一个农村小集镇,距省城杭州六十余里。①东边毗邻瓜沥镇和绍兴的钱清镇,西边与城厢镇相接壤,南面与绍兴的杨汛桥隔着西小江相望,而北面则连接着新街和坎山镇。②

　　衙前的整体地势比较低平,只是偶有起伏,在镇东北有几座小山绵延不绝,如凤凰山、洛思山、大螺山、乌龟山等,镇西北的古北海塘外则连接着波涛汹涌、滚滚东下的钱塘江,潮涨潮落之间,泥沙渐渐沉积,沼泽洼地就此出现,并且这些沉积下来的土壤都十分肥沃,利于发展农业种植。凡事都有两面性,泥沙在给人们带来肥沃土壤的同时,泥沙的淤积也会给人们带来河道堵塞的困扰。为了解决这个困扰,晋代山阴人贺循出于水利

---

　　① 见中共浙江省党史资料征集委员会、中共萧山县委党史资料征集委员会编:《衙前农民运动·综述》,中共党史资料出版社,1987,第1页。

　　② 徐木兴总编:《衙前镇志》,方志出版社,2003年,第1页。

灌溉的需要,就此开凿了贯穿镇中的萧绍运河(也称官河、西兴运河、浙东运河),运河缓缓流淌与镇南蜿蜒东流的天然水道西小江相汇合。除此之外,"在镇境有多条河流或纵或横使萧绍运河与西小江相通,联成一体。从西向东依次为螺山河、杨汛河、新林周直河、吟龙河、里东徐直河、优胜直河、草漾河、中方河、前方河和冬湖头河,这些河流又与众多的支河、漊荡、湖浜相连,形成江南特有的水网景观"。①因此镇中平原可以说是水网密布,加上地下水位比较高,种植粮食作物所需的水源便十分充足。充足的水源、平坦的地势是衙前农业发展的优势也是劣势,平坦的地势、较高的地下水位,当雨季来临,洪涝灾害便是"家常便饭"了。②并且由于临近钱塘江,衙前的人们还常常受潮水侵袭的威胁,海水、风潮一次次地冲击着守护衙前人民的捍海塘。但是随着时间的推移,海水不断侵蚀,捍海塘就容易坍塌,人们的生产生活就这样受到影响。③

地理位置决定了衙前所处的气候带。衙前位于亚热带季风性气候区南缘,雨量充沛,四季分明,冬夏较长,春秋较短,温暖湿润,日照时间和无霜期都比较长,适宜农作物生长。且冷空气易进难出,灾害性天气较多;光、温、水的地域差异明显。④春季,冷暖气流交汇频繁,且容易受倒春寒的影响,这就不利于春季的播种以及农作物的生长。夏季初会有一段较长时期的梅雨季节,降水较多,而光照较少,常常伴有大雨、暴雨的天气出现;到了七八月受副热带高气压带的影响,进入高温少雨的时期;夏末则又会受台风天气的影响,出现洪涝灾害。秋冬则受北方冷空气影响比较多。春去秋来,寒来暑往,四季的不断变化影响着这片水乡的生产活动,也影响着这里的风情民俗和人们的生活,造就了衙前人敢为人先、不惧牺牲的品格。

---

① 徐木兴总编:《衙前镇志》,第172—173页。

② 徐木兴总编:《衙前镇志》,第168页。

③ 南开大学地方文献研究室、杭州市萧山区人民政府地方志办公室整理:《萧山县志稿》,南开大学出版社,2010年,第100—102页。

④ 徐木兴总编:《衙前镇志》,第180页。

　　地理位置不仅决定了衙前所处的气候带,也在一定程度上影响了它的交通条件。从前文已经可以感知到它地理条件的优越,"所谓'龛赭锁重门,屏藩叠障;东西分两浙,吴越通衢'"①说的就是衙前。所以衙前古为"吴越通衢",如今也是交通要隘。根据史料记载,早在春秋战国时期,大名鼎鼎的越王勾践就带领着士兵在小镇北边的航坞山乘船横渡钱塘江,并且将船停靠在水边,建筑起牢固的防守来应对吴国。唐朝时期,时任镇海节度使的钱镠平定了董昌叛乱之后,同样是为了更好地守护好一方土地,于是成为吴越王的钱镠就派自己的弟弟钱爽带领军队驻守在地理位置较好、交通便利的衙前。而到了明代,浙江沿海地区常常会遭遇倭寇侵扰,所以当时的抗倭大将俞大猷经常率领着军队在衙前打败倭寇。由此可见衙前优越的地理位置,使其成为历代兵家必争之地。时间向后推移,在公路、铁路修筑好之前,衙前作为典型的江南水乡,人们大多傍水而居,出行依靠水路,那这就不得不提旧时出行的交通工具——内河船只,人们"以舟为车,以楫为马",所以衙前也有古越"船坞舟楫"之称。内河航运的船只主要有小划船、罾袑船两个种类。并且根据《衙前镇志》的记载,经过衙前的航线主要有西小江航线、杭甬运河乙线、杭甬运河乙线支1、杭甬运河乙线支2。②今天,站在衙前东岳庙旧址旁的河道边,仿佛能看见当年船只往来不绝、满载旅客,商贸繁荣、人们背着货物上下船的热闹场景,只不过现在早已没了当年的繁华,偶有水鸟或者村民的船只经过,才能让那平静许久的水面掀起一些波澜。

　　衙前不断变化的气候条件,十分重要的地理位置,发达的交通条件,在冥冥之中暗示了位于萧绍平原腹地的这座古老而又神奇小镇会发生一场被历史铭记的事件。

---

　　① 徐木兴总编:《衙前镇志》,第1页。

　　② 徐木兴总编:《衙前镇志》,第600页。

二、二十世纪初衙前频遭自然灾害

在历史的长河中，浙江萧山一直是一个自然灾害频发的地区。1901—1921年，在二十世纪初的这仅仅二十年时间里，萧山全县性自然灾害的发生高达十余次，包括风灾、雨灾、旱灾、蝗灾、雹灾等。各种各样的自然灾害，给萧山造成了一次又一次的沉重打击。在如此恶劣的自然环境中，农民的物质生活没有坚实的基础与可靠的保障，一直处于飘摇不定、看天吃饭的无奈境况中。

1901年6月，狂风暴雨毫无征兆地降临萧山县。狂风怒号与滂沱大雨的相加注定给萧山带来严重的灾难。风雨袭来，墙面倾倒、房屋倒塌，原先的一座座平房在暴风骤雨的肆虐下瞬间倒塌，只留下散落一地的土石。民众失去了唯一的住所，只能眼睁睁看着自己的家随着风雨而崩塌；甚至有众多农民在狂风暴雨来袭时来不及从家中逃离，被房屋建筑沉重地压倒在下面，永远地离开了人世……牲畜、金钱、农耕工具、生活用品等，被风吹向远方，抑或浸透在深水之中，再也无法利用。这场自然灾害，无论在钱物还是性命方面，无疑都使萧山的农民遭受到惨重的损失。同年的秋天，民众还未等到庄稼蔬果的丰收，却先被连绵不绝的雨水压垮。萧山县衙前镇紧靠濒临钱塘江杭州湾喇叭口涌潮区的南沙，该年秋天，南沙地区，淫雨泛滥，衙前遭受牵连。连绵不断的雨水不仅让衙前一直处于阴湿的环境中，也使得该地的土壤因长时间被水浸泡而产生了大量的细菌、真菌。在闷湿的环境中，这些细菌、真菌变得异常活跃，感染了庄稼，使大量的农作物发生了病害。对于衙前小农而言，庄稼是他们的性命。他们依靠庄稼维持着全家人的生计，也依靠庄稼忍受着地主、军阀的欺压。如今，因淫雨的侵扰而没有了应有的收成，农民们的生活受到了一连串的影响。他们渴求雨停、期待天晴，祈祷上天给他们保留多一些的庄稼……

1907年，萧山全县遭受饥荒。生产方式的单一导致农民遭受自然灾害的袭击时，往往不堪一击，没有其他的出路可寻。原先萧山农民们因收成少、地租高等原因便时常食不果腹，加上自然灾害的发生，全县农民遭受严重的饥荒。当时,稻米不见颗粒,就连野菜、树皮、泥土也被农民薅了个遍,最终也难以采集。饥荒的发生,使得许多原本就严重营养不良的农民骨瘦如柴、面黄肌瘦,更有甚者奄奄一息,生命垂危。一时之间,人们颠沛流离,析骨而炊,村庄荒凉破败,饿殍遍野。

1909年,台风袭击萧山全县,树木被连根拔起,房屋轰然倒塌,农林渔牧遭受重创。对于萧山农民而言,一场台风很可能便是致命的打击。台风的侵袭,伴随着狂风暴雨,巨大的破坏力让他们无力抵抗。他们失去了简陋但重要的住所,也失去了作为生存之本的土地。面对接连不断的自然灾害,他们心有余而力不足,根本无法挽救,只能无奈地在风雨之中接受惨痛的现实。

1910年,萧山全县遭遇水旱灾害。受季风影响,萧山一时干旱一时洪涝。对农作物而言,稳定的水源是庄稼收成的重要保证。干旱发生时,农作物体内水分失去平衡,导致其生长缓慢、枯萎甚至死亡。而当洪涝发生时,大量农田被淹没,农作物因洪水强大的冲击力而倒伏或大面积地被淹没在浑浊的深水之中,无法及时得到充足的光照。且大量的水沉积在田地中,导致土壤之间的孔隙被枳水满满当当地充斥着,植物根部严重缺氧,其正常的生理活动严重受阻。干旱与洪涝的叠加交错频繁上演,严重影响了萧山土壤的耕种能力,农作物损失惨重。

1911年6月17日,狂风暴雨再次来袭。"北海塘月华堤相近处,堤塘几处决口",①"同年闰六月十六、十七日,风潮异常激烈,自西兴驿至长山一带塘外护沙被剥蚀几尽,而俞家塘、富家塘等处尤甚"。②

1912年,萧山全县饥荒,导致物价飞涨,购买微量的物品即需要大量的钱财。毫无疑问,对于原本就饥寒交迫的农民而言,通货膨胀无疑是雪上加霜。他们没有充足的货币进行购买,越来越多的物品超出他们的承受能力。囊中羞涩的农民只能不断地节省开支,压缩消费,节制家庭的开

---

① 南开大学地方文献研究室、杭州市萧山区人民政府地方志办公室整理:《萧山县志稿》,第106页。
②《萧山水利志稿》,引《绍兴府守呈文》。

支。1914年夏季,萧山全县旱灾,作为当地人民生产生活用水重要来源的运河彻底干涸,河道内未见一滴水珠。土地无法得到及时的灌溉,在炎炎夏日之中农民的日常生活也遭受重大的影响。生产生活的水源均严重告急。农民仰望上天,痴痴地渴望一场大雨的降临,但天下不如意事十有八九,农民未等到雨水,等来的是旱灾的愈加惨重。1915年6月,风灾雨灾同时席卷萧山,导致萧山县绝大部分的农田都受到创伤。1917年9月,萧山全县发生蝗灾。蝗虫入侵,让萧山农作物产量急剧减少,甚至是颗粒无收。蝗虫蔓延速度极快,农民没有有效的杀虫药物与应对措施,只能被迫接受灾害的悲惨事实。

1918年,钱塘江水流暴涨,临江的乡镇街道上均积水极其严重,数尺深的积水影响了民众的生产生活,"坎山、瓜沥、新林周一带水溢塘身,冲没二麦、油菜、蚕豆、瓜秧等,损失百万余金,淹没居民数十人,牲畜犹多"。[①]是年,萧山又发生瘟疫。作为恶性传染病之一,瘟疫传播速度快、造成影响大。尤其在医疗条件差、治疗水平有限的农村,瘟疫的破坏力极强。短短一周之内,许多患病的农民便遭惨死。

1919年9月13日至15日,"狂风大作,屋瓦横飞,老树拔折,南沙棉花花蕊枝干断折横卧田间,损失之大,为百年所未有,而又以新湾、南沙渭水桥、杨墅河等处为最甚"。[②]前文已述,衙前毗邻南沙,百年一遇的严峻风灾给衙前的棉花产量也造成了惨烈的影响。

1920年上半年,萧山再次发生饥荒。6月20日,"富阳龙门坝地方山洪爆发,江水抖涨三尺,低洼村落尽成泽国,倾泻至萧山西陵渡、龙王塘、莫家港等处,淹死牲畜无数,死亡者不下二十余人";[③]7月,萧山全县发生洪灾,9月又遭遇台风,被淹没的农田多达二十万余亩,是萧山百年以来损失最为重大的一次自然灾害。10月,坎山、瓜沥等地瘟疫再次蔓延,"死者每日每镇约计不下十余人"。接连不断而又各式各样的自然灾害,

①《萧山》,《民国日报》1918年5月7日。

②《越铎日报》1919年9月15日。

③ 同上1920年6月26日。

令萧山农民无力抵挡,社会呈现出一片混乱瘫痪的景象。

1921年秋天,即衙前农民运动爆发的那一年,"又遇天文大潮,夺去农作之半"。①仁字号一带地方,有一百多位农民被活活饿死。频繁而又严重的自然灾害使得广大农民深受其害,往往陷入逃亡或死亡的惨境。

与萧山的其他地区不同,衙前还存在着坍江之灾。"衙前以北均为钱塘江滩涂淤涨的沙地,为钱塘江涌潮出没之区,南北两岸涨坍无常"。②二十世纪初,正是衙前严重的坍江时期。1921年11月8日,沈定一在《代农民问官吏》一文中说道:"十年以来,塌去熟地二三十万亩,失业农民,流离相属,本年夏秋间,又被风雨潮水夺去农作之半……农民被逼于催租和缺乏粮食,死亡相继。……又如仁字号一带地方,已经饿死了百多农民,这些人吃一餐断二餐,或是有一天没一天,连急带饿陆续死亡,这种残酷的情形,如今还是继续着。"1923年5月6日,沈定一在《民国日报》副刊《觉悟》发表了《坍江片影》一文,描述坍江悲剧:

> 浙江萧山县境内的南沙地方。从前清光绪三十二年间坍起,坍去垦熟的地亩二十几万亩,西牧乡全乡,完全化为一片江洋,其他龛山,仁化,西仓各乡,多少都坍去一些,如今西仓乡在桃花汛头上又继续地坍起来了。
>
> 潮风过去,一浪,半个竹园没了;一浪,几陵桑园没了。潮声、风声,有时雨声中的坍江声,拆屋抢命的喧哗声。……到了月黑星孤、大江沉寂的夜里,微有火光的茅草蓬,东一个,西一个,疲劳极的壮年男子是入了丰收的梦境了。那时,儿啼声,妇女饮泣声,老人长叹声,时起时息,夹杂偶然"砰""砰砰"一两声的坍地声,足够使天地英雄血轮全冻!这种天崩地塌的惨剧,在南沙演了将近廿年了。

---

① 陈志根:《衙前农民运动爆发之因的历史考察》,中共杭州市萧山区委党史研究室编:《衙前农民运动论文选编》,中共党史出版社,2002年,第123页。

② 朱森水:《浅析衙前农运的社会基础和思想基础》,中共杭州市萧山区委党史研究室编:《衙前农民运动论文选编》,第115页。

这回西仓乡西又报坍地,有人从坍江边来,据说——"这回终算是小坍,有一家:阿弟在那里掘地,阿哥背着手去江边看坍势,看看晓得支持不住了,蹒蹒跚跚摇着头踱回来。阿弟问:'到底怎样?'阿哥摇摇头说:'我们也保不住了!'阿弟登时把锄头丢掉,坐在地上,瞪着他阿哥惨黑的面孔,一声不响。草舍里同时钻出几个女人来——丢了手头的工作出来——望着他们嘿然的两个兄弟,搓搓手说:'这样!我们该怎样?'"报告我的人把这片话说完,继续又是一句:"这回还是小坍。"

涌潮带来的坍江之苦,对于自然灾害本已十分频繁剧烈的南沙农民而言,可谓是雪上加霜。"又据民国三年与民国二十二年的五万分之一地图相比,前图在萧山赭山、河庄以西、蜀山之北尚有广阔沙地,约宽十里,皆久耕之熟地,村庄稠密;而后图则上述沙地尽陷于江流。人口的增多,而耕地减少,农民生计可想而知。"①

面对着自然灾害对农业、生活带来的严重破坏,萧山农民也曾寻找探索过出路。尤其是衙前的农民们,他们面对着自然灾害与地主租税的双重压力,极度渴望着生活重担的减轻。由于衙前时常发生坍江,农民们的生活极不稳定,导致这一地区经常爆发农民抗租斗争,"1907年坎山附近的农民联合起来捣毁了坎山厘卡",②"1912年11月,赭山、西仓、蓬山、培新等乡佃户组织起'大荒会'抗租",③"衙前农民运动爆发前夕,李成虎带领农民捣毁坎山、瓜沥镇上哄抬粮价、盘剥农民的米店"。④一次又一次的农民斗争,代表着包括衙前在内的萧山人民的不屈与求生,也真实地反映出自然灾害带给他们的破坏、摧残与打击。

---

① 朱森水:《浅析衙前农运的社会基础和思想基础》,中共杭州市萧山区委党史研究室编:《衙前农民运动论文选编》,第115页。

② 徐和雍:《浙江近代史》,浙江人民出版社,1982年,244页。

③ 萧山县志编纂委员会编:《萧山县志》,1987年,第21页。

④ 中共浙江省委党史资料征集委员会、中共萧山县委党史资料征集研究委员会编:《衙前农民运动》,中共党史资料出版社,1987年,第3页。

三、衙前农民深陷生活困境

"春种一粒粟,秋收万颗子。四海无闲田,农夫犹饿死。"古往今来,文坛上从来不缺少对于民众苦难生活的描写,虽然处在温和湿润、鱼米之乡的江南,衙前却并不是风调雨顺,人民安乐。雨丝绵绵中,衙前民众看着滚滚江水决堤,淹没了农田,已是满心凄凉;地主、军阀,乡绅互相勾结,列出一条又一条的税收名目,吸食着民众薄薄的血。何去何从呢？一百年前的衙前民众望着灰蒙蒙的天,心里悲哀地想着。

自然灾害频发是衙前农民运动爆发的直接原因,也直接奠定了衙前农民运动的悲壮基调;而这一悲歌的唱响,还有赖于农民饱受剥削的社会现实。

据《萧山土地志》记载,该县地主占人口总数的2.5%,中农占总人口的30.8%,贫农占总人口的48.75%,贫富差距原本就十分巨大,而下表的统计情况又反映了一种更悲惨的情况:

民国时期浙江萧山县农民占有土地情况统计表①

成　分	户　数	人　数	占总人口数比例（%）	占有土地数（亩）	占总土地数比例（%）	人均土地数（亩）
地主	2486	13786	2.5	126356	16.93	9.17
富农	2488	15991	2.9	59708	8	3.7
中农	35838	169843	30.8	295315	22.97	1.74
贫农	60353	268828	48.75	171436	22.97	0.64
雇农	12021	33083	15.05	6195	0.008	0.184

注:1.表中富农包括半地主式富农。

从表中可以看到,萧山全县的地主仅有13000多人,人均占有土地数量达到了9.17亩,富农也能达到人均3.7亩,中农只能达到1.74亩,与贫农雇农不足1亩的土地相比差距实在悬殊。尤其是雇农,从表中可怜的数据就能想象到他们的贫苦生活。即使贫农人口众多,占有的土地数量也仅仅比地主占有的土地量多出了6.04%,人均土地仅有0.64亩。因此对于贫农雇农来说,维持全家温饱已经勉勉强强,可怕的是还有名目繁多的地租。

---

① 李永芳:《近代中国农会研究》,社会科学文献出版社,2008年,第165、166页。

萧山地区的地租种类繁多。第一类是时租与包租。时租定的租额可以折让，在衙前及周围地区，时租在丰年时为八折，在歉收时最低为五折；包租的租额则是固定的，无论歉收与否，都按照契约规定的数量上交租额。第二类是现租与赊租。现租指佃户先交租金，然后方可种田，且无论当年歉收丰收，都要缴付十足的金额；赊租是佃户先耕种，待收获后向地主缴租，看起来非常符合人情现实，但在当时只是极个别的情况。第三类是大租和小租。大租是田地所有者的业主所收的租金，小租是从业主处租的耕地的甲佃，现在可以称为"二地主"，甲佃将租得的耕地再次租给他人耕种，即乙佃，乙佃既要付业主地租，又要付"二地主"地租，"二地主"得到的租金就是小租。这样一来，多为乙佃的贫农和雇农就要受到业主和"二地主"的双重压迫。第四类是按照交租方式区分的定租和分租。定租是无论年景好坏，均需按照原来确定的固定租额交租；分租是按照当年产量，地主与佃户议定分配成数，具体可分为佃三业七、佃四业六、对分等几种方式。第五类是额外杂租。地主除收取议定的租额外，又常索取额外的杂租，如"任事米"，即收租时业主雇用人员的工资；"水路米"，即向灌水经过的田地收取的费用；逢年过节和业主红白喜事，佃户还得向业主送贺礼；业主落田收租，佃户须置丰盛酒菜款待等。[①]

这几类地租虽然名称各不相同，但无一例外地将负担转嫁到了少地农民身上，有些看似合情合理的调节方式如赊租、分租，在现实中极少出现。衙前附近的南沙在民国建立到农民运动爆发的这一段时间，由于自然灾害而多次发生了坍江事故，土地也随着事故增多而逐渐变少，人地矛盾加剧，农民失去土地，流离失所，又增加了不少无地贫雇农。这一面天灾频发，那一面人祸迭起。衙前、南沙地区的现租要求首先支付明年的租息而不管年成的好坏，沈定一曾经举了一个十分现实的例子："萧山县属坎山乡农民李文校，被地主张明正逼讨尾租，文校没奈何向他亲戚沈金松借些衣服去当，满望当来还租，不料当不起钱，并且被当伙拒绝不收。他

---

① 李永芳：《近代中国农会研究》，第166页。

登时急得吐血,跌倒就死。这是前月二十日在坎山市上的事。又如仁字号一带的地方,已经饿死了百多农民,这些人吃一餐断二餐,或是有一天没一天,连急带饿陆续死亡。这种残酷的情形,如今还是继续着。"①

另一种"水底钱粮",即"南沙农民为保住土地的垦种权,坍没时,仍按年交纳钱粮。但到淤涨时又往往成一场空,有权势的绅士凭借势力勾结官府,以低廉的价格承包登记,领取地契,圈占土地;更为甚者,在土地淤涨后,先下手为强"。②农民生活压力很重,不仅自己无法满足温饱,在为地主辛劳了一年之后反而负担了一身的债务,不少农民苦于饥饿与地租,成为地主士绅脚下的累累白骨。

自然灾害的频发和不平等的地租方式已经给衢前地区的人民带来了深重的灾难,民众纷纷发出"吃也精光,穿也精光,那有东西交点王","今载年岁凶,大旱以后遭蝗虫,无谷可收无米舂,全村一样同。他家没有隔宿粮,我家米桶如洗空。可怜堂上白头翁,单衣难过冬,膝下小儿女,日不得一饱,山尽水又穷"的悲鸣。③1922年初,郦翰丞以衢前为原型,写了一首题名《收租船》的诗,诗中这样说道:

> 你空拳到乡去,
> 满舱回城来,
> 只费你几日的忙,
> 就削尽农民一年的希望。
> 呵!是了,
> 你载的何尝是谷,
> 何尝是粟,
> 是一把把的农民底膏血。

---

① 黄金魁:《一切权力归农会——大革命时期的农民运动》,河北人民出版社,2015年,第17页。

② 陈志根:《衢前农民运动爆发之因的历史考察》,中共杭州市萧山区委党史研究室编:《衢前农民运动论文选编》,第124页。

③ 郦翰丞:《收租船》,《民国日报》副刊《觉悟》1922年第16期。

唉！你太无情了，

一粒也要，不体谅农民底求和哭，

只怨他谷底少或缺。

唉！你真太无情了，

一粒也不肯饶恕，

不体谅农民底汗和血，

还怨他谷底凹和湿。

还有一首诗,十分逼真地刻画出了农民的惨状:

收租老相公，

清早开船到村中，

舟子远远呼阿龙，

阿龙出来迎相公，

说道：

今载年岁凶，

大旱以后遭蝗虫，

无谷可收无米舂，

全村一样同，

他家没有隔宿粮，

我家米桶如洗空，

可怜堂上白头翁，

单衣难过冬，

膝下小儿女，

日不得一饱，

山尽水又穷。

无可供，

恳求老相公，

准于欠到来年冬！
相公听罢大发怒，
两眼睁睁骂阿龙：
谁管得尔穷？
种田须还租，
欠租理怎通！
阿龙再三求相公，
相公咆哮肆威风，
批颊阿龙面通红，
儿女狂相叫，
妻子认隐痛，
老翁扶扶到室中，
邻居老少都来劝，
相公愈勿不可通，
挥使舟子与仆从，
捉将阿龙到官中。
民贼当道那有幸，
阿龙坐狱里，
老父妻孥哭家中，
此冤向谁诉，
流水与东风！①

　　这首诗歌描写了二十世纪二十年代年代前后，萧山衙前一带农民在沉重的封建剥削下的凄惨生活。

　　而雪上加霜的是黑暗军阀的统治。军阀混战时期，政治混乱致使经济发展缓慢，军阀为了在地区进行更好的统治，还会设有许多地方性的苛

---

① 《收租老相公们》，《越铎日报》1921年12月13日。

捐杂税,有粮捐、水利捐、建设附捐、建设特捐、保安附捐、积谷亩捐、党务教育捐、地丁特捐、自治附捐、治虫捐、江塘捐、海塘捐、东乡治江公债、田亩捐、塘外田亩捐、屠宰税、筵席税、娱乐税、房捐、警捐、山地收益捐、碗茶捐、烟膏捐、经忏捐、水陆皇忏捐、戏捐、钱业捐、肉捐、鱼捐、旅店捐、茧捐、彩轿赁赁捐、清洁捐、水陆捐、迷信物品用户捐、烟叶捐、鱼塘捐、壮训户捐、棉花学捐、特产捐、盐税附加捐、保甲附捐、飞机捐、殷产捐、鞋袜费等五十余种。1948年,仅"定一乡、吟龙乡地域负担的壮丁费计币(银元)30676元、教育82830元、自卫费43364元、乡队士费5151元"。[1]军阀政府当局与封建地主的双重压迫和剥削,在所有经历过其时的农民心中都留下了伤痛的一笔。1982年,八十二岁的塘头施村民施连法回忆:"我们这里大多数田是属于绍兴养育堂的,收租很凶,要石四起租还八折。我们兄弟五人,种租田、打短工,一年忙到头,还是吃不饱。"同年,八十二岁的项家村农民陈柏仁回忆:"那时田主收租要七折、八折、九折,农民辛苦一年,缴租后剩下就不多了。"同年,八十六岁的衙前西曹村农民翁三义回忆:"衙前一带多数是坎山大地主周家的田,要石四起租,收租时,量租米量的手膀发酸,自己却没有饭吃。"[2]除此之外还有民间的高利贷,相比于各种地租,对于农民的盘剥更加严重。中国现代著名诗人、文学史家刘大白曾作诗歌《挂挂红灯》,喊出了农民的心声——

> 挂挂红灯!挂挂红灯!
>
> 快快天晴!快快天晴!
>
> 再不天晴,水没田塍,
>
> 田塍水没,没得收成。
>
> 没得收成,饿煞妻小,

①徐木兴:《衙前农民运动精神初探》,中共杭州市萧山区委党史研究室、杭州市萧山区人民政府地方志办公室编:《纪念衙前农民运动90周年论文集》,2013年,上海远东出版社,第94页。

②徐木兴总编:《衙前镇志》,第215页。

饿煞犹可,只怕田主逼讨![1]

后来这首诗歌被收录在《慈溪民众》中,并于1933年出版。

《慈溪民众》中收录的诗歌《挂挂红灯》

不管是从以上的各种数据、农民的回忆,还是从刘大白的诗中,都可以看到自然灾害和地主压迫给农民带来的影响,同时由于时代原因,被军阀二次剥削,因此在萧山衙前,农村地区仍然存在非常明显的封建剥削关系。农民生活极度困苦,少地的农民饱受地主的压迫,无地的农民有一部分选择与其他贫农一起,扛起地租重负,一部分无地农民四处漂泊流亡,找点零工维持生计。可逃过了地租的无底洞就能逃出生活的深渊吗?

沈定一曾经写过一篇名为《十五娘》的叙事诗,讲述了一对新婚夫妻的真实生活:

一

菜子黄,百花香,软软的春风,吹得锄头技痒;
把隔年的稻根泥,一块块翻过来晒太阳,
不问晴和雨,箬帽蓑衣大家有分忙,
偏是他,闲得两只手没处放!

---

① 陈志根:《衙前农民运动爆发之因的历史考察》,中共杭州市萧山区委党史研究室编:《衙前农民运动译文选编》,第124页。

二

"看了几分蚕,赊了几担桑,我只顾自己个人忙。

有的是田,地,和山,荡。他都要忙也哪里许他忙?

——坐吃山空总是没个好下场。

昨天听人说'哪里的地方招垦荒。'"

三

"五十"高兴极了,三脚两步,慌慌张张:

"喂,十五娘,我们底人家做成了;我要张罗着出门去,你替我相帮! "

就在这霎时间欢喜和悲伤在佢俩底心窝中横冲直撞。

四

一夜没睡,补缀了些破衣裳,

一针一欢喜,一线一悲伤,密密地从针里穿过线里引出,

默默地"祝他归时,不再穿这衣裳,更不要丢掉这衣裳!"

五

此刻都不曾哭,怎么佢俩底眼泡皮都像胡桃样?

一张破席卷了半床旧被胎,跳上埠船,像煞没介事儿一样。

他抬起头来,伊便低下头去,像是全世界底固结性形成佢俩底状况。

他恨不得说一声"不去",——

船儿已过村梢头,只听见船头水响。……

…… ……

九

本来两想合一想,料不到勇猛的"五十"一朝陷落在环境底铁蒺藜上。

工作乏了他也——不是,瘟疫染了他也——不是,

掘地底机器,居然也妒嫉他来,把勇猛的五十榨成了肉酱,

无意识的工作中正在凝想的人儿,这样收场。

但只是粉碎了他底身躯,倒完成了他和伊相合的一个爱底想。

十

才了蚕桑,卖掉茧来纺纱织布做衣裳。

一件又一件,单的夹的棉的,堆满一床,压满一箱,

伊单估着堆头也觉得心花放。

"五十啊! 你再迟回来几年每天得试新衣裳,

为什么从那一回后再不听见邮差问'十五娘?'"

十一

明月照着冻河水,尖风刺着小屋霜。

满抱着希望的独眠人睡在合欢床上,

有时笑醒,有时哭醒,有经验的梦也不问来的地方。

破瓦棱里透进一路月光,照着伊那甜蜜的梦,同时也照着一片膏腴垦殖场。①

丈夫是无地农民,看着"大家有分忙",丈夫"闲得两只手没处放",决定去拓荒,诗中描绘了十五娘从"一针一欢喜,一线一悲伤"的对生活的期待、对丈夫离别感伤,到"只是勤勉,只是快慰,只是默默地想"的为生活奋斗的动力,再到丈夫因被掘地的机器榨成肉酱而迟迟不归,十五娘"有时笑醒,有时哭醒",彻底失去生活前景。诗中见证了一位女子从满怀希望到满心失望的整个过程,指出普通人民的梦——"破瓦棱里透进一路月光,照着伊那甜蜜的梦,同时也照着一片膏腴垦殖场",让人不忍卒读。而这仅仅是萧山衙前地区很小的一角。

综合来看,衙前地区的农民生活状况着实困顿,基本上已到达了走投无路的境地。封建生产关系的压迫与强烈的生存欲望促使农民与地主的阶级矛盾激化,农民展开了多种形式的反抗斗争。在1901年到1921年二十年间,萧山全县农民自发组织了十余次暴动,其主要目的大多是为了抗

---

① 李永芳:《近代中国农会研究》,第165、166页。

租。1907年，坎山附近的农民联合起来捣毁坎山厘长，同年发生了全县范围内的抢米风潮；1909年4月12日，南沙地区农民反抗清丈旗地，聚众两三千人将办理清丈的乡绅住宅焚烧一空；1912年，孔家埠、傅家山等多地农民聚众捣毁义桥大来过塘行主韩守中家中的器具，但被当局镇压，农民奋起反抗，使得警队重伤四人、轻伤六人，夺取枪支五支，农民三人受伤。[1]类似的活动有很多，军警与农民各有伤损，但最终由于农民武器落后、质量低劣，组织松散涣散等多种原因，抗租活动皆以失败告终，但是在平抑米价与打击额外征收等方面取得了一定的成果。萧山衙前的农民暴动的影响也渐渐扩大，直到终于有一个人带领贫困至绝境的农民们站起来。

他就是沈定一，人称衙前"三先生"的沈定一。马克思主义认为私有制是人类社会发展到一定阶段的产物，它的出现导致了人与人之间的战争，制造了人剥削人的现象，是造成人类社会一切不平等的根源。沈定一认为："现行的私有财产制度促使人与人之间为了占有生产资料进行无休无止的战争和掠夺，自我保护能力极低的农民沦为私有制的主要受害者，如要使农民摆脱被剥削的命运，就必须消灭私有制。"[2]这种思想促使着沈定一建立一个有组织有秩序的农民团体，按照马克思主义的理论在衙前点燃无产阶级运动的火种，在一片黑暗中，衙前的贫苦农民渐渐看到了出路。

---

① 徐木兴总编：《衙前镇志》，第215页。
② 王铁成：《沈定一与衙前农民运动再认识》，中共杭州市萧山区委党史研究室、杭州市萧山区人民政府地方志办公室编：《纪念衙前农民运动90周年论文集》，第16页。

第三章　沈定一和衙前农民运动

　　萧山的百姓在数百年洪水的不定期侵袭中颠沛流离,大地主与田主的盘剥更让农民处于水深火热中。天灾与人祸,萧山农民的生活境遇让沈定一极为动容,他立志为农民发声,"中国机器工人不多,农民在国民中实占最大多数,中国底社会革命应该特别注意农民问题"。[①]1921年,沈定一深入农村,为唤醒农民的觉悟而演讲、号召,他接连创办农村小学校、衙前农民协会,领导农民站起来抗争,在运动高潮中为农民争取了不少利益。尽管封建势力的威逼与沈定一思想的局限性让农民协会最后不得不解散,但衙前农民运动以其实践性和借鉴性,成为中国农民运动的先声。

一、沈定一的农民观

　　囿于地理位置的不佳,萧山的农民时常遭受洪水的不定期侵袭,这也致使他们时常处于不安与惊恐中。然而生存威胁并不止于此,地主与田主在田赋地租方面的压榨和盘剥总让农民面临很大的生存困境。沈定一目睹了这一切,他迫切地想要改变农民生存的绝境,想要为农民发声。因此他脱去长衫,毅然来到衙前,创办小学校启蒙农民;他屡次站在农民面前演讲,陈词激昂,呼吁农民"终该觉悟"。

---

　　① 沈定一先生雪憾治丧委员会:《沈定一先生被难哀启》,转引自中共浙江省委党史资料征集委员会,中共萧山县委党史资料征集研究委员会编:《衙前农民运动》,中共党史出版社,1983年,第58页。

(一)绝境:农民的天灾和人祸

天灾人祸,洪流的不期而来,租税的繁复苛重,让萧山百姓陷于水深火热中。衙前虽未受坍江之苦,但是它是与灾区相近的,又是萧绍平原的交通要道,因此总有衣不蔽体的农民逃难到这里。那时的民谣常唱"全村一样同。他家没有隔宿粮,我家米桶如洗空"。[1]民谣将当地广大农民水深火热的苦难生活展现得淋漓尽致。更有甚者,有些人为了活命,竟分吃死人的尸首来饱腹,这种情况不在少数。以至于时任萧山东乡赈灾委员会委员长的沈定一不得不明令禁止:"得食即死的灾民。"[2]当时百姓的生存危机可见一斑。

沈定一目睹了百姓生活的颠沛流离,他无法再无所作为了。他是含着金汤匙出生的,他是大地主家庭的沈定一,是家中最年幼并备受疼爱的孩子,这注定他必然不会遭受饥寒之苦,也没有生死存亡之忧。他尽可承蒙祖上余荫,走封建仕途之路;尽可遵父母之命媒妁之言,娶一名门望族的女儿,过着富足而稳定的生活。他却不乐意。或许是他因农民在存亡之际发出的悲鸣而动容,或许是他被饱受压迫的农民揭竿而起的革命精神打动,他给自己规划了另一种生活方式——他要为农民发声,他要成为改造世界的大英雄。

(二)先声:初入农村与小学筹办

沈定一在早期受到了良好的教育,拥有着很多出去见世面的机会,这让他能够很早就认识到农民问题的重要性。他曾说:"中国机器工人不多,农民在国民中实占最大多数,中国底社会革命应该特别注意农民问题。"[3]在《星期评论》时期,他不仅编辑刊出了《诸暨县劳动界最近的状况》《农工和食米》《农民底苦况》等文章,希望借此让世人看见农民惨遭剥削

---

① 《收租老相公们》,《越铎日报》1921年12月13日。

② 《他为什么把头低下去》,陶水木编:《沈定一集》(上),国家图书馆出版社,2010年,第175页。

③ 沈定一先生雪憾治丧委员会:《沈定一先生被难哀启》,转引自中共浙江省委党史资料征集委员会、中共萧山县委党史资料征集研究委员会编:《衙前农民运动》,第58页。

压迫的境遇,他还在《星期评论》《民国日报》副刊《觉悟》等报刊发表《种田人》《忙煞、苦煞、快活煞》《起劲》《饿》《哥哥不晓得》《水车》《农家夜饭前后》等不少反映地主压榨佃户及农民的苦难生活、启发农民觉悟的短评、诗歌或小说。可光是呼吁是无法拯救农民于水深火热的。想要救农民,首先要深入农村,要让农民认识到他们如今的处境是如何不公平,要让农民从思想上站起来反抗封建地主阶级。沈定一与俞秀松就针对"农村工作计划"这一问题进行讨论,他们决定先从家乡衙前开始试行。

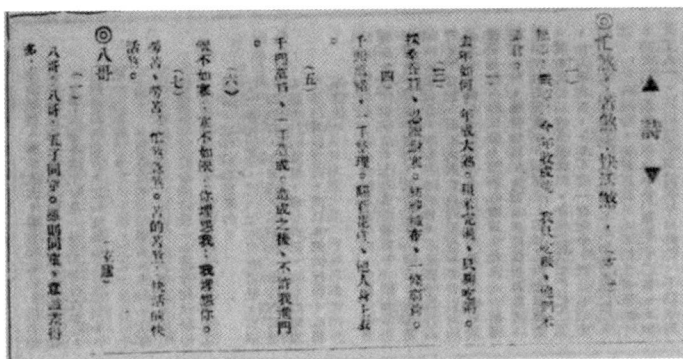

《忙煞、苦煞、快活煞》

于是1921年4月,沈定一返回家乡衙前,开展了农民运动的发动工作。初入农村,他要从哪里着手呢?他经过几番思考,最终还是决定从教育开头,宣传革命思想,启发千百年来受苦受剥削的农民的觉悟。鉴于这一层考虑,他自费筹办了衙前农民小学校,邀请了一批经过五四运动洗礼的新知识分子刘大白、宣中华、徐白民、唐公宪等人到校任教。为了鼓励更多贫困农民子女入学,他不断到各家各户进行游说,言辞恳切,承诺为学生提供诸多便利。他的努力与诚挚打动了不少农民,不少农民子女也受到他的动员而同意入学。

沈定一还时常与这些农村小学教员探讨研究《共产党宣言》等马克思主义著作,针对社会变革问题和农民问题进行探讨;他也时常走村串户,进行实地的农民调查,向农民宣传革命道理。互助论是他改造乡村的另一把钥匙——农民的生活窘迫而无处诉冤,地位低下而不受尊重,是因为农民是没有组织没有团体一盘散沙似的人们。而互助,可以用来改变农民个体势单力薄的状况:农民组织起来,形成革命的共同体,才能不被击垮,取得斗争的胜利。他常对农民说:"一根麻杆容易折断,一捆麻杆就折不断,大家要团结,人多力量大。"①因此他常在走访调查中动员农民团结起来进行斗争。筹办中的农村小学校实际上是农民运动的活动和指导中心。

沈定一深知,地主是怎么也不会主动把他们掠夺的财物交还给农民的,他们必将用全部力量来保护自己的财富。农民如果想索回本该属于他们的东西,"除了靠自己,能指望别人,依靠别人,劳动人民如果不把自己从贫困中解放出来,谁也不会把他从贫困中解放出来。"②他清楚地认识到,若要让农民起来斗争,首先必须让他们了解斗争原因,才能激发斗争的意志——演讲是一种较为合适的选择。1921年8月,沈定一在衙前、坎山、塘头等地演讲。他着意做农民打扮,头戴毡帽,操着一口方言,给前来听演讲的农民增添了不少亲切感。其演讲道理也着意通俗化,所说的又是千百年来农民想说却不知如何表达的苦衷,因此他的演讲受到了农民深深的欢迎,前来听演讲的农民竟从一百多人直增至上千人。8月19日,沈定一站在浙江萧山凫山东著草庵戏台上,用萧山东乡方言,作了一个题为《谁是你底朋友?》的演讲,明确指出:资本家是农民的敌人,劳动者是农民的朋友;世界是劳动者的世界,联合劳动者,团结起来,打倒资本家。演讲句句恳切,振聋发聩:"今天我来告诉你们:你们用了许多气力,造成世界,而吃世界上一切的苦痛;我想替你们设法,避免痛苦;但这事到底是你们自己切肤的事,所以你们自己须要明白,并且要奋斗!……""你们若还不觉悟,我要讲目前切近的利害关系给你们听:他们吃的是油,穿的是绸,住的是高堂大厦;你们吃不饱,穿不暖,住的茅屋,不能遮风避雨。他们还有奇奇怪怪觉悟的享受,为你们所不知道,而你们吃了十分难受的

---

① 中共浙江省委党史资料征集研究委员会、中共萧山县委党史资料征集研究委员会编:《衙前农民运动》,中共党史资料出版社,1987年,第3页。
② 王铁成:《解开尘封的记忆:沈定一与衙前农民运动再认识》,《党史研究与教学》2012年03期。

苦痛,终该觉悟!"①"你们劳动者不要放弃本来的权利给坐食的资本家!你们应该争回被夺的权利了",并歉疚地表示,"我虽也是资本家,但我已明白我吃的住的一切享受的东西,都是劳动者的血汗,我再也不能把我的良心泯灭了!"②

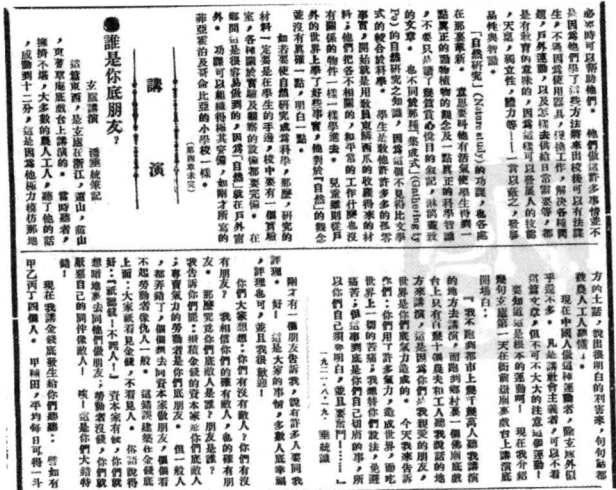

1921年8月15日,沈定一在萧山所作讲演《谁是你底朋友?》

一位地主出身的知识分子,却做出这样震撼人心的演讲,让贫困百姓耳目一新。这一演讲被农村小学教师潘垂统记录下来,他还附带记载:"时听者,拥挤不堪,大多数的农人工人,听了他的话,感动到十二分,这是因为他极力模仿那地方的土话,说出很明白的利害来,句句话都被农人工人听懂了。"③

沈定一在回复一个工人的信中说道:"你们一切做工的人,都应该从不拿刀枪的强盗手里收回你们自己的东西。"如果说此时的沈定一已经意识到了斗争手段的必要性,那么《在李卜克内西、卢森堡纪念会议上的演说》一文中,他表现出了更强烈的斗争欲望,"我们想得着和平和幸福,我

① 徐木兴总编:《衙前镇志》,方志出版社,2003年,第236页。
② 沈定一:《谁是你底朋友?》,《民国日报》副刊《觉悟》1921年8月26日。
③ 徐木兴总编:《衙前镇志》,第216页。

们非社会革命不可……我们非接续李氏的精神，不管成功与否，猛烈向前直进不可！"①

到了9月末，沈定一创办的衙前农村小学隆重开学了。在开幕时，他宣读了由他起草的《衙前农村小学校宣言》。《宣言》尖锐地指出：有产阶级不仅在经济上掠夺无产者，而且"用极其秘密严酷的经济制度压迫着无产阶级的儿童，使他们永远得不到受教育的机会"，"要不然，便是施一种为有产阶级作爪牙的教育"。照这样下去，世界上穷的永远穷，富的永远富，人类最大多数将永远陷于穷困愚笨的境地，这是人类的自杀。《宣言》明确地宣称：农村小学"改变有产阶级训练爪牙的教育性质为'人底发见'的教育性质"，"一方面反抗人类的自杀制度，一方面保持儿童心底的灵光"。②这份《宣言》即在当时宣传马克思主义最著名的刊物《新青年》上全文发表，引起了社会各界的普遍关注，产生了很大影响。他借此机会，开设了成人班，利用晚上和雨雪天为农民开课，一面教文化，一面宣传革命道理，"从切实方面和真挚质朴的农民携手"。

农村小学着力展现学校之新——无论是教育宗旨，还是教育管理、教育方法、教育内容等方面。学校认为"农村小学生底家属和我们同样对于农村小学有维持、改进的责任"，因此非常注重与学生家庭的联系，以此"努力打开学校和社会的隔膜，促成学校的社会化和社会的学校化"。③学校完全摈弃了旧教育制度和教育方法，体现着革命和革新的精神。学校开办后，在社会上引起很大反响。《民国日报》副刊《觉悟》曾多次发表关于该校的评论，一些进步人士呼吁，希望中国有更多这样的农村小学。

---

① 《在李卜克内西、卢森堡纪念会议上的演说》，陶水木编：《沈定一集》（下），国家图书馆出版社，2010年，第419页。

② 玄庐：《衙前农村小学校宣言》，《新青年》1921年第4期。

③ 中共萧山市委党史研究室编：《沈玄庐其人》，成都科技大学出版社，1994年，第84页。

第十四條　本事項由大會議決，大會能臨時以多數開會議決。

二七、在本村議決，並舉出委員六人。

第十五條　本事項已經由衙前全村農民，於一九二一、九，附近三四百里內的農民，也正在團體同性質的團結。

正。

玄廬附記

衙前農村小學校宣言

單有精神，第不特一個人；單有體力，也算不得一個人。必定要有精神體力並且合而為一的。有人說「體力容易衰揉，精神不容易刻削」——可是體力既經習慣在被搶奪的狀況中，精神也一被受了刻削。

中國在海禁未開以前，大多數人底體力和精神，一半被摧奪於君主所造因襲，海禁一開，便漸漸地換了一個新的劫主，革命以後到現在，這新的劫主所施的新手段已經十分顯著，而且這個新強奪全身分明遇見在大多數人面前，跟他的威嚇，體面。

這個新的強登，便是中國經濟史上由陝州美州留學還

《新青年》　第九卷第四號　四

成長鬥來的「有產階級。」

從來無產階級底體力被有產階級奪了去替他們生產，這是大眾所知道的。一般說產階級究竟奪了甚麼呢？有產階級不能體問無產階級如何生存，又不顧無產階級得到支配經濟的知識，所以用極端的經濟壓迫逼著無產階級底兒童，使他們永遠得不到受教育的機會。

要不然，便是施一種於有產階級作爪牙的教育：

因此，兒童底精神，一部分被有產階級奪去，一部分又被特有產階級訓練爪牙的教師們奪去；一方面顯出有產階級自己兒童底天才，一方面遮們平有道被們的說「窮人底兒女夠底呆」……

處在這種泰山壓頂勢的私有財產制度底下，正不知壓煞多少有天才的兒童！在德智體美羣時代（前數者）也無有產階級底兒童應不出學養的學校都斷了念，還希望素底高等、專門、大學，出甚智學

照這樣下去，不是世界上窮的永遠窮，富的永遠富，人類最大多數陷於窮困悉笨的一境，這不是人類自殺麼？我們一方面又抗人類自殺的心地，從來不染階級底內穢；我們一方面保持兒童心地底靈光。

我們信仰過一種意義是高尚的。我們自信是有決心的。

所以我們總要設這個「農村小學校。」

農村小學校不能單獨脫離有產階級底勢力，可是能夠同為農村小學校中現在的我們，是從有產階級底教育的社會裏跑出來的。我們已經了解農村小學校經費底性質，已經改變有產階級底性質。我們更了解農村小學校所施的性質爲自己使用的性質了，勢力剝倒你的性質爲自己使用的性質了。

小學校所施的教育性質，已經改變有產階級調練爪牙的教育性質了。所以我們不但反抗有產階級底搶奪兒女，並且更禁止父母底搶奪兒女。

小學生呵，你們是到蜂蜜中最美麗的花，朝起的太陽，正對著你們含笑哩——

《衙前农村小学校宣言》

衙前农民协会旧址——衙前东岳庙

沈定一知道,光对农民子女进行教育是不够的,因此在农村小学开幕的第二天,衙前农民在东岳庙隆重集会,宣告衙前农民协会的正式成立。这一天,衙前东岳庙前,人山人海,红旗招展,鼓乐齐鸣,口号声、鞭炮声响成一片。人们兴高采烈,欢呼雀跃,庆贺从此有了自己的团体。会议发布了由他起草、经全村农民议决的《衙前农民协会宣言》《衙前农民协会章程》,用饱含着热情与愤懑的语调揭露了地主阶级剥削压迫农民的罪行。农民运动有了新的尝试。

二、沈定一发动衙前农民运动

自1921年下半年起,萧山县衙前的农民在沈定一坚持不懈的思想感化之下,点燃了反封建地主剥削的斗争之星火,开始积极地为自己的权益抗争:农民组织起衙前农民协会,通过协会的宣言和章程。短短的几个月里,农民协会这个组织形式在萧绍地区广泛地传播开来——八十二个农民协会拔地而起。十余万贫苦农民投身于这场轰轰烈烈的反抗封建地主阶级的斗争,爆发了一系列以"抗租减租"为目的的农民运动。直至同年12月,农民运动在地主官僚猛烈的反扑中走向了失败。

(一)星火:衙前农民协会的创立和发展

马克思曾经将农民评价为"一个袋子里的马铃薯"。这个生动的比喻,意味着农民具有天然的分散性,难以聚合起来展开反抗运动或是革命。沈定一深谙此道,因此他巧妙地利用在各处的演说来增强农民之间的凝聚力。不仅如此,他还用自己的财产助力当地农民渡过难关,在同甘共苦中和他们建立了深厚的情感,也让他主张农民为自己谋求利益的思想走进了他们的心里。

1921年5月的一天,六十多岁的老农李成虎等人来到沈定一家中,想请他帮忙讨要附近绍兴安昌油坊赊欠的油菜籽钱。然而出于种种原因,沈定一并没有成功讨回这笔钱。看着为生计而愁弯了腰的窘迫的汉子们,他拿出了自己的积蓄来填补亏空,并掏心窝子地告诉李成虎,这笔钱本就是他们农民自己的血汗钱,他只是物归原主罢了,也不能算是帮助。沈定一的真诚态度使得李成虎等人心怀感激。自此以后,李成虎就经常带着一班农民到沈家坐坐,倾诉农民的苦况。而沈定一也借机向他们宣传一些简单的革命思想和农民们应当团结一致开展斗争的道理。他提到:"一根麻杆易折断,一捆麻杆就折不断。"浅显易懂的一句话,使得长期遭受剥削的衙前农民们仿佛被敲醒了一般,长期束缚他们的孤军奋战的意识开始瓦解,他们意识到了团结的重要性。而与他来往密切的李成虎等人,更是成为发展农民运动的骨干力量。

在思想发动和组织准备的基础上,沈定一对以李成虎为首的一批衙前农民骨干尽心尽力地指导,开始酝酿组织农民协会,衙前农民运动登上了全新的台阶。

农民的团结引起了地主豪绅的激烈反对,他们诬之为"过激主义"。在这个时候,沈定一站了出来,广大农民的利益不容侵犯,他勇敢地直面这些声音。1921年10月,沈定一在省议会上联合任凤冈、蒋方震、查人伟等十二位议员,就所谓的"过激主义",向省长提交了质问书。质问书中指出:"岁歉农民请求减租免息,虽极专制时代,也为常有的事。如今公然以这种请求,诬为过激主义,出示威吓。究竟地方官吏,是否专为有产阶级底委员,非驱农民于死亡不可?"[①]沈定一在省议会上坚定维护农民利益、无所畏惧地质问省长,是对农民运动最有力的声援。此消息在报上刊登后,民心振奋、人心稳定。

---

① 《沈定一代农民问官吏》,《民国日报》1921年11月8日。

沈定一声名远播，每天多达五六百人摇着船来要求见，有的还要请他到自己村子里演讲。船只往来，络绎不绝，甚至多次发生了河道堵塞的现象。《宣言》和《章程》虽一再重印，仍供不应求。这时的沈定一，不是忙于接见来访者，就是应邀到一些村镇去演说，宣传减租，培养农民积极分子，组织农民协会，农民减租斗争的运动范围也随之越来越大。

在短短的一两个月时间里，西起钱塘江畔，东至曹娥江边，三四百里范围内的农民，都在共同酝酿同一性质的团体。据调查，当时萧山、绍兴、上虞三县建立农民协会的村庄有八十二个。"其中属萧山的有衙前、长山、山末址、莫家港、陈家园、西河沈、夏家桥、下浦方、下浦王、沙河沈、东庄王、横河周、何家、丁村、应家、庞家、卫家、塘头施、翔凤、汇头张、长巷、大义、渔池头、山北、项家、傅家、童墅、草漾、张家埭、俞家上、后方、中方、前方、赵家上、毛家上、低田畈等三十六个村；属绍兴县的有顾家荡、魏家上和穆程、后童、前童、唐家桥、后梅、梅二、前梅、下浦西、上浦西、九岩、清坞、夏履桥、湖西、宾舍、茶滨、阮三、江头、项里、徐山、南池、柯桥、钱清、豪湖沿、南钱清、丁家畈、新闸、珠市、秦望、安昌、马汇桥、陶里、下方桥、兴浦、高泽、中岸潭、张类、华墟、管墅、斗门、澄江、皋北、藕塘头等四十四村；属上虞的有需坝、南湖两村。"①

在沈定一强有力的支持之下，农民协会如雨后春笋般在萧绍地区蓬勃成长。同年11月24日，农民协会联合会在衙前成立，这意味着衙前成为领导农民运动的中心力量，其地位也不言而喻，在它的领导下，绍兴、萧山、上虞农民，展开了一系列抗租减租斗争。

（二）冲突：农民"减租抗租"运动的高潮

衙前农民协会正式通过的《衙前农民协会章程》中做出了"三折还租"（即按照原定租额的三折缴纳）、根据每年收成的好坏缴纳租额、将大斗改为每斗十五斤的公斗量租、取消田主下乡收租时佃户要承担的"东脚费"、

---

① 徐木兴总编：《衙前镇志》，第218—219页。

反对预交租等多项决议。这无疑是农民对于地主豪绅的一次掷地有声的反抗！

为了将这项决议彻底落实，沈定一充分发挥带头作用。作为官僚地主家庭出身的他主动"革自己的命"：首先从自己家开始减租，不惜损害自己的利益，将自己家的农田送给佃户，并且还要求其他地主为农户减租。1999年，后邻村农民庞友生在口述访谈中说："沈定一设立了农民协会，在衙前一带推动农民开展了减租运动，但他并没有直接和地主做斗争。之前土地的收成是地主和租佃户五五分成，农民减租后

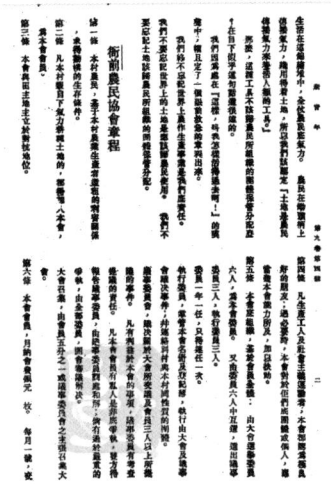

《新青年》载《衙前农民协会章程》节选

是25%归属地主，75%归属租佃户，增加了农民收入。"[1] 另一位村民也说："村里的大户人家周家的女儿是沈定一的大老婆，在农民运动的时候沈定一不但散了自己的家产，还革了岳丈家的'命'，连家里的保姆婆婆都辞退了。"[2]

然而并不是所有的地主都如沈定一一般开明先进并且同情农民。愈来愈多的地主和劣绅终于从酣梦中醒来，他们因收不到租而相互勾结，在官府的武装力量支持保护之下形成了共同利益的联盟。

文的不行就来武的，"过激主义"的荒谬理论在议会上遭受了沈定一抨击之后，大部分地主都采取了武力反对的方式镇压农民运动。一次，他们为逼迫农民缴纳租额同时集中了八十多只收租船，意图以此威胁农民交租。但此时的农民早已经形成了自己的队伍，其人数之多并不逊色于地主。当时衙前农民协会闻讯后，立即鸣锣，聚集了千余农民，高呼斗争口号，向收租船投掷烂泥块和石块，吓得地主不敢上岸，迫使地主狼狈而

---

① 庞友生口述，采访于2020年8月2日。
② 庞阿仙口述，采访于2020年8月4日。

逃,空船而回。在其他地区,一些强行按原额收租的地主也遭到了广大农民的痛打,例如绍兴前梅村大地主周仁寿。①

为了制造更大规模的抗租减租声势,各地农民协会还联合并组织农民到萧山、绍兴县城进行请愿,要当局体察民情,下令减租。在此期间,萧绍各地掀起了抗租减租斗争的高潮。"殴辱田主者,有扣留租船者,甚至有佃户还租而被捣毁者,有垄断要口不让租船入境者。"②在农民群众的坚决斗争下,地主豪绅一时间失去了昔日的威风,吓得不敢出门收租,有些地主田主被迫按农协规定同意三折还租,农民协会的斗争取得了初步胜利。

(三)覆没:沈定一的悲愤与思考

为造成更大的抗租减租声势,农民协会还组织农民到萧山、绍兴县城进行"跪香请愿"。③回顾衙前农民运动中的多次请愿,其中规模最大的当属衙前农民协会委员单夏兰组织的千余农民到绍兴县城的请愿。然而刚者易折,农民运动的迅猛发展本就使得地主、官绅惶惶不可终日,他们视农民运动为心腹之患,欲将其扼杀。这一次的请愿活动,正给了他们这样一个将其扑杀的机会。

1921年12月18日,当各地农民协会代表在衙前东岳庙召开大会时,一百多名全副武装的官兵包围了会场,捕去单夏兰等三人,还大打出手,用枪托击伤三人。农民运动在这次镇压之中受到了打击,但还没等他们喘过气,黑暗势力的反扑迅猛而来,省长沈金鉴下令"严行拿捕惩治"。12月25日,萧绍两县知事再次发出布告,宣告解散农民协会,强令入会农民销毁会员证。六十余名武装人员进入萧绍地区实行弹压,对各村农民协会领导人"按名追究,悉数拘拿",被列入拘捕名单的达五百余人。④

---

① 徐木兴总编:《衙前镇志》2003年,第219页。

② 徐木兴总编:《衙前镇志》2003年,第219页。

③ 沈迪云主编:《中共萧山党史》第1卷,中共党史出版社,2002年,第19页。

④中共浙江省委党史研究室编:《中国共产党浙江历史》第1卷,中共党史出版社,2011年,第88页。

在这场对农民运动的"围剿"之中,农协委员、早期中共党员在农民中的代言人——李成虎被捕。此时沈定一正身处上海,他获悉此消息后想方设法对李成虎进行营救,但最终未能成功。1922年1月24日,李成虎在狱中遭受了非人的折磨后遇难。沈定一闻此噩耗,立即从上海赶回萧山为其处理后事。

对于李成虎这位"革命战友",沈定一为其画肖像,并自己出资,在衙前风景秀丽的凤凰山修筑了气势宏伟的坟冢,亲笔题写了幕碑。嗣后,沈定一又为李成虎坟墓开辟了东、南、北三条墓道,并在南墓道建造高大的石牌坊,牌坊石柱上镌刻他亲笔撰写的楹联:正面是"中国革命史上的农人这位要推头一个,四山乱葬堆里之坟墓此外更无第二支",背面是"吃苦在我,成功在人"。[①] 除此之外,沈定一还为其他农民运动斗士设立纪念堂,写了"为群众而牺牲,问耕耘不问收获;振义声于陇亩,见锄锹如见须眉"的挽联,通过这些,来寄托他对这为农的哀思,表达对军阀政府的愤恨。

其实这时的沈定一,自身的处境也不容乐观。萧绍地区地主豪绅沈企吾、高寿彭等认为此次农民抗租风潮是在他的挑动之下才发展起来的,于是联名控告,说他提倡共产,扰乱治安,要求政府予以拿办。面对这样的环境,沈定一并没有气馁。他用手中的笔,写下了《衙前农民协会解散后》(1921年底)、《愚》(1922年1月13日《民国日报》)、《李成虎小传》(1922年2月7日《民国日报》)等诗文,控诉军阀政府的黑暗,愤怒声讨反动当局血腥镇压农民运动的罪行。

在《衙前农民协会解散后》的诗里,他将当政者视为"馋狼饿虎",发出了"苍生生命如蝼蚁"的哀叹:

> 杭州城里一只狗,跑到乡间作狮吼;
> 乡人眼小肚中饥,官仓老鼠大如斗。
> 减租也,民开口;

---

① 陈金冠:《萧山衙前之异样风光——萧山衙前农民协会旧址》,《浙江档案》1993年第3期。

军队也，民束手；

委员也，民逃走；

铁索镣铐拦在前，布告封条出其后，

岂是州官恶作剧，大户人家不肯歇，

不肯歇，一亩田收一石租，减租恶风开不得，

入会人家炊烟绝！

馋狼饿虎无人驭，凤凰低敛沧深薮，

潮来天未曙，梦飞不过钱塘去。

宁为时望抛时誉，泪绝声嘶肠断无凭据。

铜角夜风透吴絮，大千世界暗然死，

魂暗暗，和谁语？

咫尺家园几万里，班声截断哭声起，

狂呼天不理，苍生生命如蝼蚁，

呼冤不应骂他无技。

两字"农愚"称号被，

狼摆头，虎磨齿。①

对于这次运动的失败，沈定一也做出了一定的总结和思考，并将表现在自己的社会活动之中。1922年4月，他将坎山周家祠堂改为小学，在开学典礼上，沈定一作了题为《教育底社会化》的演讲，其中讲道："所以我们如果真正表示同情于贫民，与其给以许多金钱，不如授以相当的知识，养成其有独立生活技能即管理生产机关的技能，就是我所以主张以义庄经费归学校之用的理由。否则，施与愈多，贫民亦必然愈多，子弟又必长沦于不学的境界了，社会岂不是很危险么？"②

————————

① 中共浙江省委党史资料征集委员会、中共萧山县委党史资料征集研究委员会编：《衡前农民运动》，中共党史资料出版社，1987年，第128—129页。

② 朱淼水：《是是非非沈定一》，《萧山记忆》（第六辑），杭州市萧山区人民政府地方志办公室，2013年，第57页。

在这句话中,"教育底社会化"展现了沈定一想要用教育改变农民贫困现状的思想。但我们也可以从中发现,这时的他还没有认识到阶级剥削、阶级对立才是中国农民贫困交加的根本原因,同时也是衙前农民运动失败的真正原因。

1922年4月,沈定一作演讲《教育底社会化》

三、沈定一的地位和作用评判

衙前农民运动中,沈定一凭借着他的聪明才智以及对时势的不同看法以及所采取的一系列的措施,发挥了巨大的作用。他"运用马克思主义基本理论来分析中国农民的实际问题,并以此来指导农民运动,使衙前农民运动在思想上、组织上和领导上都不同于以往的农民斗争,体现出了鲜明的时代特色"。[①]但同时,衙前农民运动的失败也与他在领导方面存在着不足有着紧密的关系。

(一)贡献:沈定一的领导者地位

在这一场运动中,沈定一无疑发挥了巨大的作用,"衙前农民运动的组织发动、运筹策划多出于他的主张,衙前农民协会的《宣言》和《章程》也

---

① 王铁成,王文兵:《揭开尘封的记忆:沈定一与衙前农民运动再认识》,《党史研究与教学》2012第3期。

均出自他的手笔,他是衙前农民运动的主要领导人"。①衙前农民运动毫无疑问是一场农民运动,它充分彰显了农民这个群体所拥有的潜在的伟大力量。而沈定一在这场农民运动前期,为了发动农民起来同地主阶级进行斗争,付出了许多努力,想了许多办法。

他经常身穿布衣,头戴毡帽,打扮成一副本地农民的样子,亲身到农民中去,去体验农民的劳动,去以身体会农民的诉求。在衙前,本地的农民基本是讲土话,更大多数没有读过书,由此他便以本地的土话,将他所学习过的马克思主义的理论思想以及革命的道理转化为通俗易懂的话,讲解给农民听,以此来启发他们的觉悟,来鼓舞农民们的信心,促使他们能够起来同地主进行斗争。

前文讲过,在1921年春天,又是油菜籽的收获季节,但衙前农民却没有拿到上一年被榨菜籽油的油坊赊去的油菜籽钱。农民们实在没有了办法,只好去求助于沈定一。他为了帮助农民们,就自掏腰包,把自己家里的钱拿出来分给农民,好让农民们可以买到肥料,不荒废田地。并且他担心农民们收了钱之后心中会愧疚,就又对农民说:"这笔钱本来就不是我给你们的,这是你们种我的田还来的租,这是你们农人的血汗,现在只好算农人帮助农人,不好算我帮助你们。"②短短的一番话,农民们听后十分感动,他们理解了沈定一的良苦用心。就这样,沈定一每每都是通过一些日常的举动,在帮助了农民们的同时,更是教育了他们,使他们明白了道理,当然也赢得了他们的信赖,使得农民们团结在他的周围,在他想要做出些什么时,一呼百应。

为了更进一步鼓动农民,引导他们站起来同地主进行斗争,他也多次到农民中去进行宣讲,以此来教育农民。"世界不是金钱的世界,是劳动者的世界",③"世界上一切的东西,都是劳动者底气力造成的,都应该归劳动

---

① 诸葛达:《衙前农民运动述论》,《浙江师大学报》2001第5期。

② 沈定一先生雪憾治丧委员会:《沈定一先生被难哀启》,转引自中共浙江省委党史资料征集委员会、中共萧山县委党史资料征集研究委员会编:《衙前农民运动》,第82页。

③ 沈定一:《谁是你的朋友》(演讲词),《民国日报》副刊《觉悟》1921年8月26日。

者所有"。①他将农民作为劳动者的地位和作用分析得透彻,以宣讲来增强农民的自信,循循善诱,增强农民站起来的底气。他还进一步启发农民,"地主剥削农民,皆因为农民无组织,你们和那班大地主一样,有眼耳鼻舌五官四肢心脏的人,何以你们能够劳动生产的反倒陷落到这步田地呢?——因为他们是有产阶级,现在正是有产阶级的世界,他们是有组织的;软来有官吏替他们讲他们的法律,硬来有军警替他们提刀枪,你们是没有组织没有团体一盘散沙似的人民,自然被他们屈服下了降为奴隶牛马。"②"你们处在这种少不得教,老不得养,壮年的不得自存的生活状况中,你们除去'农民自决'一个方法之外,更找不出别的活路来"。③"你们只有结合起来,不要做一堆散沙,散沙是容易失败的;你们要结成做一块石头,别人很不容易把你们分开来,也很不容易移动你们。"④"一根麻杆容易折断,一捆麻杆就折不断,大家要团结,人多力量大。"与此同时,他还教育农民要分清敌人和朋友,"攒积金钱的资本家是你们的敌人,专卖气力的劳动者是你们的朋友"。⑤他更是公开地向农民提出自己的主张:"我的主张便是废止私有财产,'土地公有'这个主张将来必有实现的一天。"⑥沈定一还在演讲中充满激情地号召农:"你们不要放弃本来的权利给坐食的资本家! 你们应该夺回被夺去的权利! 你们赶快的团结啊! 你们精密的组织呵! 大地主们总有一天投降你们的。"⑦

沈定一通过亲身体验教育,并发动演讲鼓动农民,使得革命的思想和道理在农民群众中传播开来。在他的宣传、教育、启发、帮助之下,农民们认识到了如今的社会的现状是怎样的,认清了他们的痛苦和贫穷,不是因为本来就这样,更不是因为命不好,而是由于地主们的残酷剥削和沉重

---

① 沈定一:《谁是你的朋友》(演讲词),《民国日报》副刊《觉悟》1921年8月26日。
② 沈定一:《谁是你的朋友》(演讲词),《民国日报》副刊《觉悟》1921年8月26日。
③ 沈玄庐:《农民自决》(演讲词),《新青年》第9卷第5号,1921年9月。
④ 沈定一:《谁是你的朋友》(演讲词),《民国日报》副刊《觉悟》1921年8月26日。
⑤ 沈定一:《谁是你的朋友》,《民国日报》副刊《觉悟》1921年8月26日。
⑥ 沈玄庐:《农民自决》(演讲词),《新青年》第9卷第5号,1921年9月。
⑦ 沈玄庐:《农民自决》(演讲词),《新青年》第9卷第5号,1921年9月。

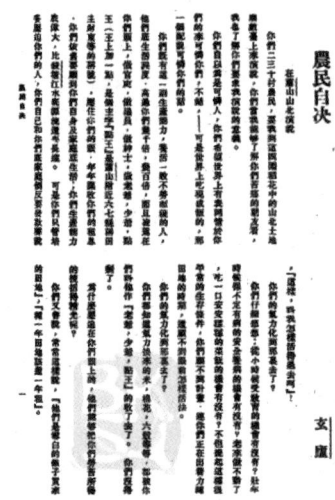

1921年9月,沈定一发表于《新青年》的演讲词《农民自决》

的压迫。由此,衙前农民运动发动的群众基础依然稳固,农民们也要准备站起来与地主们进行搏斗。

在沈定一的领导和组织下,1921年9月27日衙前农民运动爆发了。他作为运动的领导者、组织者和发动者,运用在五四后逐渐在中国传播开来的马克思主义基本理论来分析中国农民的实际问题,并以此来指导农民运动,使衙前农民运动在思想上、组织上和领导上都不同于以往的农民斗争,体现出了鲜明的时代特色。

(二)进步:沈定一的思想先进性

沈定一以马克思主义作为衙前农民运动的科学理论指导。他通过学习马克思主义的基本理论,认识到了资本主义的本质,认识到了社会主义终将代替资本主义的社会发展规律。经过不断地学习和实践,他逐渐变成了具有马克思主义思想的革命者。他运用马克思主义思想,并结合了中国的具体实际,对阶级斗争做出了自己的理解。在他看来,阶级斗争的结果必然是无产阶级会赢得最终的胜利。

在由沈定一起草、经衙前全村农民共同议决的《衙前农民协会宣言》中,能够体现出运动将马克思主义作为农民斗争的理论指导。在《宣言》中,揭露了地主阶级剥削压迫农民的罪行,明确提出了农民受压迫的根源。《宣言》还明确提出了运动开展的形式以及运动斗争的方向。"我们有组织的团结,才是我们离开恶运交好运的途在……我们不要忘记世界上的土地是应该归农民使用。我们不要忘记土地该归农民所组织的团体保管分配。"在组织上,这一场农民运动产生了全新的组织形式——农民协会。上文也已经提到了农民协会所发挥的重大的作用。衙前农民协会是一个民主的农民自发的团体。《衙前农民协会章程》中规定:"本会底组织,基于会员全体;由大会选举委员六人,为本会委员。又由委员六人中互选,选出议事委员三人,执行委员三人。委员一年一任,得连任一次","大会召集,由会员五分之一或议事委员会之主张召集大会"。在这些规定中,可以看出农民协会的民主性。协会没有规定主要负责人,在最广大范围内实行农民的自决,大会召集的其中一个条件是要由五分之一会员主张才能召集,充分尊重了广大会员的意愿,具有民主性。

(三)不足:沈定一的思想局限性

1922年初,衙前农民运动惨遭镇压,以失败告终。这是由于受时代的局限性以及受历史条件的限制,再加上在当时党对农民问题认识不足,运动不可能取得完全胜利,当然也与这场运动的领导者沈定一有着关系。

首先,本身这一场农民运动是第一次组织和开展,先前并无经验可以借鉴,且准备时间也较为仓促,运动有些简单化,农会的组织也欠严密,在领导者和贫苦农民之间还要存在认真的沟通。其次,由于时代的局限性,作为农民运动的组织者和领导者的沈定一的思想"很混杂"。有一位学者曾指出,他的思想既有社会主义,又有民粹主义和无政府主义。"他有一张照片,是装扮成托尔斯泰而留影的,自然受到托尔斯泰民粹主义的影响,却鼓吹阶级斗争,他也没有托尔斯泰的宗教观。"[1] 而从旁协助沈定一组织发动衙前农民运动的一些知识分子,比如宣中华等人,他们虽然主张进行阶级斗争,但也宣传无政府主义以及孙中山的三民主义。

再者,"在衙前农民运动中,他实际上扮演了一个'教父'的角色"。[2] 他原本是一位封建士绅,在清末亡时做过一段时间的地方官员,而在清亡后,民国以后又担任过省议会的议长,身上传统的士绅所特有的名士气味

---

[1] 谢俊美:《中共成立前后对农民的首次关注——历史大视野下的沈定一(玄庐)和萧山衙前农民运动》,《上海革命史资料与研究》,上海古籍出版社,2012年,第433页。

[2] 同上。

很浓。"他同情农民的处境,有感于农民生活的困苦和文化的落后,企图利用自己的身份能为农民'分忧解困',通过组织农民协会,引导农民团结起来,争取权益,改善生活,而不是全面根据马克思主义列宁主义有关农民革命的理论来开展农民革命。"① 谢俊美先生的观点一针见血,很准确地概括出了沈定一在思想上的局限性。

由沈定一领导、发动和组织的衙前农民运动,由于受时代的局限性和历史条件的限制,再加上在当时党对农民问题认识不足,以及运动的领导者在领导上自身存在局限性,运动不可能取得完全胜利,但这并不能影响衙前农民运动在中国农民运动史上的伟大意义——这是中国新民主主义时期的第一场农民运动,在中国现代农民运动史上占据着重要的地位。作为一个拥有中共党员身份的知识分子,沈定一运用了他对马克思主义的理解,给农民讲述,使他们懂得并且实际去运用手段来破坏旧的制度,开中国共产党领导农民革命运动之先河。他作为这次运动的发动者、组织者和领导者,他在运动中的地位与作用,毫无疑问应给予实事求是的评价。

---

① 谢俊美:《中共成立前后对农民的首次关注——历史大视野下的沈定一(玄庐)和萧山衙前农民运动》,《上海革命史资料与研究》,上海古籍出版社,2012年,第433页。

第四章　李成虎的抉择

对于萧山衙前的农民而言,二十世纪无疑是黑暗的、压抑的,自然灾害、军阀镇压、地主剥削,三座大山压得农民喘不过气来,他们在冷寂的环境中摸索前行。同时对于萧山衙前的农民而言,二十世纪却也是透露出光来的,衙前农民协会的成立,宣告了农民迈出了有组织、有纲领的斗争的一大步,而李成虎是农民群体中簇拥出来的英雄。虽然农民协会是短暂的,李成虎也最终为此献上了自己的生命,但他却揭开了现代农民运动的序幕。

一、困苦的农民

从困苦农家中成长起来的孩子,是最懂得农民的苦痛的。李成虎凭借着早年挣扎在田野里的经历,在沈定一话语、思想的引领下,带领着农民朝着光明的方向走去。

(一)困局:李成虎所处的时代与环境

1854年,李成虎出生在萧山县东乡镇衙前村的一户困苦农家。李成虎的幼年充满着艰辛,父亲李发在他年幼的时候便离开了人世。李成虎同他的弟弟与母亲相依为命,母亲每天辛苦劳作,有时因为粮食收成不好、饥荒,整个家庭甚至需要通过讨饭,依靠别人的施舍,才能勉强度日。就在这样艰苦的环境中,李成虎的母亲顶着巨大的生存压力,含辛茹苦地把李成虎兄弟俩拉扯长大。

自小在患难中相互扶持的兄弟俩很是团结勤奋,"成虎和他的弟成蛟同在患难中长大,同理他父亲的农业,后来都取了亲,一家很亲爱的。"①从早年两兄弟丧父,靠着与母亲乞讨过日子的悲惨生活,再到后来凭借自己的双手娶妻成家,生儿育女,组成圆满的家庭。李成虎兄弟两人付出了巨大的努力,才得以过上一个寻常农家的生活。

然而这份寻常农家的生活,维持得却相当不易。二十世纪的头二十年,萧山衙前村便遭受了严重、频繁的自然灾害袭击,旱灾、洪涝、瘟疫、蝗灾接踵而至,疯狂肆虐着衙前村辛勤耕作的农民。同时地主、军阀不仅无视衙前农民所面临的困境,还加重了地租的盘剥,榨干小农的最后一滴汗水;米商还与地主联合起来,趁着饥荒哄抬米价,大发灾害财。衙前西曹村农民翁三义回忆道:"衙前一带多数是坎山大地主周家的田,要石四起租,收租时,量租米量得手膀发酸,自己却没有饭吃。"② 1921年8月8日,沈定一写了一首新诗《水车》,称:

> 两天不下雨,水车声起,
>
> 三天不下雨,水车声急;
>
> 十天半月不下雨,水车直立。
>
> 东流水转向西流,究竟替谁出力?
>
> 犯贱呵,农夫!
>
> 租时节到来能剩几粒?③

李成虎的家庭也面临着如此悲惨的情景,全家依靠起早贪黑的劳作,才换来免受饿死的命运,对于李成虎来说,一生最悲痛的事情便是"从战乱中乳养他的母亲一直和他劳动到死"。④母亲从生下李成虎后,到她死为止,几乎没有享受过任何的休息,直到老去依然佝偻在农田劳作,以保

---

①沈定一:《李成虎小传》,新缘文学社编:《名家传记》,上海文艺书局,1934年,第182页。

②衙前农民运动纪念馆:《衙前农民回忆录》,衙前农民运动纪念馆。

③沈定一:《水车》,《民国日报》副刊《觉悟》1921年8月8日。

④沈定一:《李成虎小传》,第183页。

障家庭的正常开支。

自幼时起,李成虎便深刻地体会着社会底层的黑暗,封建大山的盘剥加上自然灾害的侵袭,压得他的家庭喘不过气来。当母亲含辛茹苦地把兄弟俩拉扯大,一家人勤勉劳动时,家庭的境遇却没有得到明显的好转,只是勉强支撑着,抵御破败的命运。在农田里挣扎的五十多年,使李成虎模糊地感知到,光靠农民自身的劳动,无法真正地脱离贫困的囹圄,只要以地主为代表的封建势力依然存在,那么盘剥便不会停止,任何农民为脱离饥贫做出的努力,都会被地主借用封建制度的手段,化为地主自身口袋中的钱粮。

(二)不屈:李成虎初期的挣扎与反抗

自然灾害的侵袭、封建地主的盘剥、军阀政府的压制,导致农民的生存每况愈下,必然地会导致农民自发的斗争。从1901年到1921年,萧山县爆发了十多起大规模的农民自发暴动,但农民自发的运动缺乏一个坚强的领导核心,这些聚集的农民往往缺少坚定的信念以及有效的抗争纲领,这也使得运动开始不久之后就在政府以及地主的联合镇压下失败了,或是取得微弱的成功后,农民便自发地解散了,并没有朝着推翻封建阶级压迫的方向一直前进。而在早期中共党员的引导下,李成虎成为农民运动中坚强的领导核心,衙前农民自发的运动取得了与往常不一样的成效。

李成虎与早期中共党员的渊源起于一场托付。1921年初夏,沈定一用自己的钱帮助农民度过了"油菜籽赊购"危机,并在言语上启发农民,这是农民被地主剥削的血汗钱,只是最后归还给农民罢了。大部分农民都领了钱开心地走了,并没有注意到沈定一言语背后的道理,并没有意识到造成他们生活困苦的根源。但是李成虎意识到了,他为此痛哭流涕,他知道这么多年自己的辛勤劳动,最后劳动的成果却因为封建的剥削制度,落入毫不相干的地主之手,自己的奋斗却轻而易举地被他人窃取,导致自己一直挣扎在温饱线上,始终不能够完成阶层的跃升。

　　沈定一经常和教员们去农民群众当中发表演说,激发农民的斗争精神,而李成虎深深地被他讲的演说内容所吸引,"世界是劳动者的世界""你们应该争回属于自己的权利"①等话语,滴落在李成虎的心间,唤醒了他多年被封建纲常所压迫的意识。李成虎成为沈定一每次演讲的召集者和忠实的听众。每逢要演讲,他就上街一边鸣锣,一边高声招呼农友说:"今天有三先生的演说,我是听过他几次演说的,他的话是句句不错,大家都该去听听。"②每逢演讲开始后,他常坐在台下,目光灼灼地一声不响,有时立起来,用严肃的态度维持听众的秩序。

1922年2月7日的《民国日报》副刊《觉悟》刊发的沈定一《李成虎小传》

　　萧山米商哄抬米价,激起饥民抢米风潮,在自然灾害频发的二十世纪中较为普遍,《新闻报》中就曾记载道:"近日米价腾贵,本月初四突闻有米行被毁,查为山阴县诸坞、梓坞等村多人蜂拥至镇,借米贵为由将萧山街之屠尚德等米行均行春毁。"③但是这些抢米风潮大多在官府的镇压下就

---

　　①沈定一:《李成虎小传》,第184页。
　　②中共杭州市萧山区委党史研究室:《中国共产党萧山历史(1919—1949)》,中共党史出版社,2010年,第14页。
　　③《萧山饥民抢米》,《新闻报》(杭州)1907年。

结案了,饥民抢米在取得初步成果后就停止、解散。而在早期中共党员的指导下,李成虎自发组织的反对米商剥削的农民暴动却有不一样的成效。1921年5月,地主和米商利用农民歉收、青黄不接的时机,趁机哄抬米价,"任意把米价由原来每石十元提高到十三元",[①] 为了反抗地主和米商不顾农民的死活进行剥削,李成虎自发地领导农民们去跟米商抗议,"他以围身缚在长竹杆上作旗帜,沿途各村农民自动纷纷加入。"[②] 随着抗议人数的逐渐增加,声势也越来越大。愤怒的农民先砸毁了坎山街上最大的八老爷米店,然后翻山串巷,途径长巷、瓜沥等地区,捣毁了沿途所有哄抬价格的米店,包括早期中共党员妻弟开设的"周和记"米店。这次暴动并没有在取得初步成果后就解散,而是席卷了萧山多处地区,给予了奸商沉重的打击。

　　1921年六七月,持续不断的暴雨对于衙前农民的打击是巨大的,洪水淹没了农民含辛茹苦耕作的稻田。如果要保护稻田里面的稻苗,就必须要把稻田里面的积水排尽,"衙前农民提出拔去河中拦鱼的竹箔,以加速水流"。然而河中拦鱼的竹箔是豪绅为了养鱼所筑,农民的想法遭到了豪绅地主的激烈反对,官府知事也为虎作伥,竭力维护豪绅的利益。李成虎看到如此情景,又想到自己和广大农民的悲惨生活,拍案而起,带领受灾农民赶往钱清,"当着绍兴知事的面,据理力争,严词责问:'吃鱼要紧,吃饭要紧?'"[③] 群情激愤,在抗议声中,绍兴知事不得不妥善处理此事,被迫答应拔去竹箔。

　　西小江是流经萧、绍两县的界河,河阔水深,盛产鱼虾,但这里的养鱼权却长期被绍兴县的官绅把持。为此,衙前农民决心夺回公河养鱼权。一天,李成虎等获知绍兴县知事要到西小江察看鱼塘,立即率领乡亲们分水、陆两路赶到现场,团团围住了县知事要讨个公道。县知事被迫来到早期中共党员家中,农民们面对面同他展开说理斗争:"既是公河,为啥不准

---

① 中共杭州市萧山区委党史研究室:《中国共产党萧山历史(1919—1949)》,第16页。
② 浙江省民政厅编:《英烈千古浙江革命烈士事迹选辑1》,浙江人民出版社,1982年,第3页。
③ 中共杭州市萧山区委党史研究室:《中国共产党萧山历史(1919—1949)》,第18页。

萧山农民养鱼、捕鱼?"①理屈词穷的县知事不得不写下笔据,允许萧山农民在西小江养鱼捕捞。

从带领农民反抗地主、米商哄抬米价,带领农民向知事讨要说法、拔去竹箔,以及争夺养鱼权等三件事,我们能够清晰地看见李成虎心恤农民的精神,他是属于农民的一分子,但是又褪去了小农那种自给自足、自我保全的孤立性,他能够团结农民,将农民攒成一个集体。同时李成虎在这三件事中,充分表现了他优异的组织才能与坚定的反抗精神,不畏地主、官府强权,带领着农民众志成城地做斗争,提高了他在农民中的声望,为日后建立农协,担任农协中坚强的领袖奠定了牢固的基础。

随着农民保卫自身的权利逐渐获得胜利,广大农民看到了团结斗争的强大力量,增强了农民敢于斗争的自信心,同时李成虎也成为农民口中善于组织斗争的"虎将",被广大农民信任且拥护着,周围聚拢着渴望改变自身命运的农民。李成虎逐渐地开始在沈定一的指引下,秘密串联、酝酿农民的协会。

二、他的抉择

1921年9月23日,沈定一在山北土地庙戏台上对二三十个村的农民演说,告诉他们:"不可以无组织的暴动。因为无组织的暴动,只是一哄便散,结果,不但无益,而且旧社会里面潜着有许多'危险分子',利用一时的暴动,把你们良好的劳动习惯也弄坏了。这种分子,正被淘汰着,他们对于社会不负丝毫责任的,有抢的机会就抢,有烧的机会就烧,有奸淫的机会就奸淫。他们抢掠的形式虽和资本阶级不同,而结果只是残害你们劳动职业的光荣,破坏你们前途底建设","你们有了组织,就不怕牺牲。用得着牺牲的时期,便是你们进到幸福的时期。你们赶快的团结呵! 你们精密的组织呵! 大地主们总有一天投降你们的。"②沈定一的这一演讲,

---

①浙江省民政厅编:《英烈千古浙江革命烈士事迹选辑1》,第5页。
②沈定一:《农民自决》,《新青年》第9卷第5号,1921年9月。

就像信号枪一样，揭开了衙前农民运动的序幕。而把沈定一的呼吁变成现实的，是李成虎的抉择。

(一)曙光:衙前农民协会的建立与斗争

受沈定一影响，当时很多农民都想要有一个农民协会，真正把理想变为现实的是李成虎。他一次又一次鼓动农民兄弟说:"好,要大家好;有,要大家有。要少交租、有饭吃,就要办农民协会。"成立农民协会要有敢担风险的领头人,他自告奋勇地说:"头,我来做,我老了,不要紧的!"有胆小怕事的农民问道:"这样搞起来会不会闯祸?"他斩钉截铁地答道:"不要怕,有祸水我担着!"①

经过半年的组织、联络,1921年9月27日,衙前农民协会终于成立了。这天的农民是极为喜悦的、兴奋的,会场上挤满了期盼已久的农民。随后在东岳庙召开了第一次农民大会,向与会农民介绍了基本情况,并发布《衙前农民协会宣言》和《衙前农民协会章程》,明确宣布:本会与田主地主立于对抗地位,提出土地归农民使用,由农协保管分配土地。②

作为领导农民反抗斗争的"虎将",李成虎被农民们一致推选为农协领导人。李成虎在会上痛斥地主、官僚的压迫和剥削,说出了农民的心声:只有大家团结在一起与他们做不懈的斗争,才能迎来美好的明天。③

农民协会所推举的领导人及发布的宣言、章程极大地促进了农民运动如火如荼地开展。第一项运动就是抗租减租,这也最关乎农民的切实利益。经过商议讨论,农民协会根据《衙前农民协会章程》做出"三折减租"的决定,并且要按照年成的好坏来交租,灾年要体谅农民,并统一了交租的度,更为规范,反对预先交租。④

---

① 中华人民共和国民政部编:《中华著名烈士》(第一卷),中央文献出版社,2000年,第133页。

② 北京图书馆社会科学参考组《革命烈士传》编委会资料组编:《革命烈士传记资料目录(第一辑)(一九二二年一月至一九三七年六月)》,解放军出版社,1986年,第4页。

③ 同①。

④ 同①。

　　若能抗租减租成功,农民的负担会极大地减轻,每年会有结余,不必担心突然的天灾人祸而导致破产、家庭分崩离析。附近绍兴、萧山的村民听到衙前搞了这样一场农民运动,如黑夜中看到了光亮,这是所有农民都期盼已久的啊!周围的农民兴高采烈,奔走相告这个好消息,有的步行,有的摇橹,从四面八方纷至沓来的农民在衙前集聚一堂,求取《衙前农民协会宣言》和《衙前农民协会章程》,希望以这两份文件为蓝本来建立农民协会,与地主做斗争。由于来的农民实在太多,河道竟然被船堵塞了。中国农民期盼这一刻真的太久了!他们激动地说:"这张纸可是个宝贝,年底地主来收租,拿出来一照,减租是农会规定的,地主就没有二话可说了。"第一次印刷的几千份《衙前农民协会章程》被迅速分完,还远远不够!每天都有百十来号人到衙前讨要。李成虎热情接待这些农民,并劝说道:"你们要《章程》,《章程》已经去印了,我们印好就分送给你们;他们要会见三先生,以为这件事是三先生发起的,其实这件事正是我们身上的事,并不是三先生一人底事,你们只要一村村自去团结,团结好了再说话,用不着发哄!"①

　　衙前农民协会领导的抗租减租运动如火如荼地开展着,《衙前农民协会章程》呈燎原之势,散落、分发到萧绍各个村子,其影响之大、传播之迅速不可不谓罕见。周围的村子仿照衙前建立农民协会、制定章程,与地主、官僚做斗争。沈定一在省议会上坚决维护农民的利益,诘问省长,经报纸报道,各地农民感慨万千,这也极大地促进了农民运动的发展。一两个月内,起源于衙前的农民协会,西临钱塘江,东至曹娥江,周围三四百里的村子总共建立起八十二个农民协会,在此基础上还成立了衙前农民协会联合会。②

---

① 中华人民共和国民政部编:《中华著名烈士》(第一卷),第133页。
② 中华人民共和国民政部编:《中华著名烈士》(第一卷),第134页。

秋收时节,地主照例上门收租,根据之前农民协会的决定,是要先和地主商议完租率再交租的,如果过于苛责农民,违反了"三折减租"等规定,农民有权拒绝缴纳租税。地主因而想方设法抵制农民的抗租减租和农民协会,碰壁的地主们联合了起来,有一次纠集了八十多条收租船一起来向农民协会施压,"你们租务交,门板也要拆"。农民协会在这时怎么能退缩?上千名农民在协会的组织下来到地主面前高喊抗租宣言,有的还向收租船砸石头,联合起来的地主又一次碰壁了,怏怏而回。①

除与地主进行斗争外,各地农民协会试着同官僚做斗争,希望能让官府承认农协的合法性,保障农民的利益。最著名的就是向萧山、绍兴两县公署"跪香请愿"运动,要求当局"体察民情,下令减租"。这是农民协会第一次开展的大规模斗争。

农民斗争如火如荼地进行,地主独木难支,开始与军阀政府相勾结,各地农民协会面临严峻的考验。

(二)黄昏:李成虎的牺牲与衙前农民协会的失败

1921年12月18日,萧绍各地农民协会代表在衙前东岳庙举行联合会,提前得知消息的反动政府派出一百多名武装人员包围了会场,暴力干涉会议,驱赶农民,各村农民协会委员册被搜走了,有的农民代表被打伤,有的甚至被逮捕入狱,这是黑暗的一天。反动政府还没有停止迫害,浙江省省长沈金鉴命令警察厅继续压制农民运动,严厉禁止农民协会活动。萧山、绍兴两地知事也积极配合反动军阀行动,张贴告示,不准农民协会活动,根据各村农民协会委员册搜捕各村农协领导人。他们认为,这场席卷萧山、绍兴的农民运动根源在萧山衙前,其中李成虎鼓动最甚。遂在衙前布置重兵,计划抓捕李成虎,结束这场农协运动。②

形势如此险恶,李成虎将生命置之度外,继续献身于农民协会,成天

---

① 《悼念李成虎》,徐木兴总编:《衙前镇志》,方志出版社,2003年,第225页。
② 中华人民共和国民政部编:《中华著名烈士》(第一卷),第134—135页。

往来于各个村庄。妻子、儿女担心地劝说:"别人进农民协会,依旧得闲做工,独有你把身子都送给协会了吗?怎么你整天介连饭都忙得没工夫吃。现在事体败了,你还是避避开吧!"李成虎毅然地答道:"你们懂什么?这正是我该做的。大不了,头落地就完了,怕什么!"①他号召大家不要屈服,继续与反动政府做抗争,并组织了有一两千人的抗租减租团,顽强抗争。

12月27日下午,正在农田劳动的李成虎被诱骗回家,一进门警察就说:"庄知事请你去一趟。"事已至此,还有什么好怕的?李成虎笑道:"去便去,有什么?"随手一放农具,穿起鞋袜,戴着毡帽,拿着烟管,就好像要去参加农协大会,昂首阔步地走出了家门。②

萧山知事听闻李成虎已经被捕,迫不及待开堂审讯,希望李成虎能屈服,从而尽快结束这场农民运动。可谁曾想,戴着手铐的李成虎反问道:"我是衡前农民协会底议事员,我是主张组织农民协会的,我是三折还租的提议者,怎么?"③

知事被激怒了,歇斯底里地拍着惊堂木大喝:"好,好!好一个农民协会的议事员,我赏你两副脚镣!来!钉了镣,收监去……哼!本县送你到省,还要你的性命!哼!"李成虎也不甘示弱,喊道:"要杀就杀我,不用多啰嗦,穷人总有一天会出山的……"④

李成虎随即被钉上脚镣投入牢狱,面对敌人的严刑审问和残酷折磨,他始终大义凛然、视死如归,没有作一丝妥协。

1922年1月24日,李成虎的儿子获准到监狱探望父亲。只见父亲双眼紧闭,扑倒在寒冷刺骨的地上,连翻个身都难以做到。过了好久,李成虎才睁开眼睛,看着儿子,时断时续地说:"其余没有人了么?"⑤当天下午2时,受尽折磨的李成虎死去了,终年六十八岁。

---

① 沈定一:《李成虎小传》,上海《民国日报》副刊《觉悟》1922年2月7日。
② 中华人民共和国民政部编:《中华著名烈士》(第一卷),第135页。
③ 同上。
④ 浙江省民政厅编:《英烈千古浙江革命烈士事迹选辑1》,第100页。
⑤ 中华人民共和国民政部编:《中华著名烈士》(第一卷),第136页。

受人敬爱的"虎将"牺牲了,大家组建农民协会、与地主做斗争似乎就在昨天。悲愤的衙前农民在景色宜人的凤凰山上安葬了李成虎,并以墓地为中心,在周遭的运河上建起"成虎桥"。

衙前农民还在农民协会旧址——东岳庙,设立"成虎堂"。李成虎遗像旁边是他曾经耕作用的锄头和铁锹,四周挂着挽联,其中"为群众而牺牲,问耕耘不问收获;振义声于陇亩,见锄锹如见须眉"为沈定一所撰,他还为李成虎的墓碑题写了碑名。因李成虎一生从未拍过照片,沈定一的大儿子沈剑龙为李成虎画了张画像,并将肖像印制成照片样式,附上李成虎的生平简介,在萧绍各地广为流传。

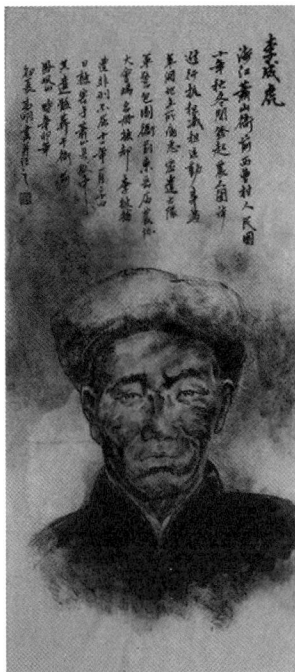

李成虎画像 沈剑龙作

萧山衙前东岳庙旧图(内设成虎堂)

李成虎的牺牲和衙前农民运动的被扼杀,引起了社会各界的同情和支持。上海《民国日报》副刊《觉悟》在1922年2月7日发表《李成虎小传》及一批声援、纪念文章和报道。上海工商友谊会也于同年2月22日派代表赴衙前凭吊李成虎,并捐资在凤凰山巅竖立纪念碑,上镌"精神不死"。

在他被害一周年时,五四时期的著名诗人刘大白在《成虎不死》的挽诗中写道:

成虎,

一年以来,

你底身子许是烂尽了吧?

然而你底心是不会烂的,

活泼泼地在无数农民的腔子里跳着。

假使无数农民底身子都跟着你死了,

田主们早就没有饭吃了;

假使无数农民的心都跟着你底身子死了,

田主们却都可以永远吃安稳饭了。

然而不会啊!

田主们多吃了一年安稳饭,

却也保不定还能再吃几年的安稳饭。

你底身死是田主们的幸,

你底身死而心不死,

正是田主们的不幸啊! ①

三、"其余没有人了么?"

其余没有人了么? 李成虎临终的质问,振聋发聩,开启了中国农民运动热潮。问耕耘,不问收获;见锄锹,如见须眉。

(一)缅怀:李成虎牺牲后的追悼

李成虎死后,萧山及浙江省本地的国民党组织和农协也都为李成虎作挽联,来纪念这位为衙前农民运动开端的伟大老农,一位坚定地为农

---

① 杨扬编:《海上文学百家文库 20 刘大白、夏丏尊卷》,上海文艺出版社,2010年,第239页。

民、为群众奋斗牺牲的革命者。

挽成虎联

(为浙江省党部临时执行委员会农人部作)

试问三千万张嘴巴，那个不要吃饭？细数数稻粱黍稷柴米油盐，

尽都是播得耕耕得种从耕种到收获的辛苦东西；

贪懒也何曾？只落得贫困穷愁愚笨！

且说七十五县土地，怎么转变良田？请看看会稽钱塘金华鹿海，

流够了父而子子而孙自子孙至元曾的传宗血汗；

代价在那里？算学会和平奋斗牺往！

挽成虎联

(为成虎殉难六周年纪念筹备会作)

群众为求生、社会为求生，国民革命正为求生；

生是中心，在生前苦苦辛辛勤勤恳恳！

军阀要他死，官僚要他死，劣绅土豪更要他死；

死所不免，到死后明明白白烈烈轰轰！

挽成虎联

(为萧山县党部作)

革命非萧山独县可成功，不为人先，也为人先，建设已开端，必须做个好模样。

解放岂烈士一身的责任，怕的连动，总得运动，奋斗须到底，大家提起真精神。

挽成虎联

(为衙前农民协会全体会员作)

淫威附于武力，贪墨附于豪强，折贪墨之淫威，老当益出。

革命不可率成，群众不可利用，为群众而革命，死有余甘。

成虎墓道联

是不过一乡村佃户耳！租税重，稼穑艰，过度难，生不逢辰，没有余痛。

彼如何成革命实行者！立志苦，信仰坚，持行笃，斯人永古，此墓千秋。

沈定一为李成虎纪念堂书写了一副挽联："为群众而牺牲，问耕耘不问收获；振义声于陇亩，见锄锹如见须眉。"[1]

1929年，湖南人毛守成在前往衙前自治会参观时读到这样一首校歌：

---

[1] 中共浙江省委党史资料征集研究委员会、中共萧山县委党史资料征集研究委员会编：《衙前农民运动》，中共党史资料出版社，1987年，第82页。

提起我的锄,锄平这世界;

世界锄不平,宁可大牺牲!

牺牲的人是成虎,成虎他爱我,

爱我,他牺牲。

他牺牲,他不死,

他的精神是种子:

播在我们的脑子里头,

化作锦阡绣陌,

千千年,万万世! ①

　　毛守成大受感动,遂在湘师校刊《湘湖生活》中发文悼念李成虎:"陇亩中的革命先烈李成虎先生,真堪在中国农民运动史中占光明的一页了。……军阀铁蹄之下,贪官劣绅勾结在一起的时候,素被压迫的农民,那里容许他们有这样大义的活动。……我知道了李成虎的一些事迹,他是一个陇亩间的农夫,他的行为,他的牺牲,真是堂堂的一个人了。我十分崇拜他。……我们后来的同志,干乡村教育的同志,能不为农民谋求幸福吗?不愿为农民牺牲吗?我愿中国的农民,都能唱这一首歌!我愿中国的农民,个个都成为李成虎!为本身谋解放,为全民族谋解放。"②

李成虎墓(1984年修)

　　改革开放后,党和政府开展对李成虎的纪念。1984年10月24日,萧山县委、县政府在凤凰山上隆重举行李成虎烈士陵园落成暨

---

　　①毛守成:《湘湖生活》,见中共浙江省委党史资料征集研究委员会、中共萧山县委党史资料征集研究委员会编:《衙前农民运动》,第81页。

　　②毛守成:《湘湖生活》,见中共浙江省委党史资料征集研究委员会、中共萧山县委党史资料征集研究委员会编:《衙前农民运动》,第82—83页。

李成虎遗骨安葬仪式,李成虎的遗骨被重新安葬。

(二)反思:农民运动失败的思考

从根本上来说,笔者认为在中国这样历史背景的农业国,地主与农民的矛盾是必然的,是无法避免的。

在新中国成立前,农民一直处于被压迫、被剥削的地位,没有生活保障、言论自由,更没有政治地位,年深月久,农民的思想长期僵化和保守,自认命运不好,不自觉地"甘愿"为有产阶级压迫奴役。

在古代,历朝历代的统治者都强调要以农立国、以农为本,即使在君主专制政体的时代,无论是君王朝堂还是儒林乡野,也还要标榜"重农"二字的;但是农民生活的痛苦与煎熬,却仍旧是一天深似一天。

不要说古代的暴君污吏往往横征暴敛、鱼肉百姓,搜刮民脂民膏以满足个人享乐;就是偶然遇着所谓的仁政,也是往往有名无实,我们只能看到国库丰裕了,但百姓呢? 土豪劣绅仍旧依势强压,或重利盘剥,可怜的农民只有咬牙忍受,生活其实并未有多大的变化。"那些标榜'重农'的人原是习于虚伪,口尧舜而行盗跖,不以为怪,但农民自恃太卑,受了非人的待遇,还只以为命该如此,对于那些土豪劣绅,依然口口声声的大人老爷,丝毫不敢违,重农的国家而有此现象。是何等的危险呀!"①农民长久以来饱受欺压,他们也曾反抗过、抗争过,可结果呢? 又有几人能成功过。往往是被镇压、被屠戮,接着继续被欺压,甚至更残酷更严重的剥削压榨。正因如此,历史上的农民运动才会那么少;正因如此,那几个农民领袖才会被视为英雄。成功太难了,机会太渺茫了,所以农民才会渐渐失去斗争的信心,从希望到绝望,最终变得麻木,逆来顺受。

正如李成虎最后留在世间的那一句:"其余没有人了么?"这短短的一句,却让人痛彻心扉,从心底流出那股悲凉,可想而知他牺牲前的悲愤与痛苦。但凡其余的农民有心抗争到底,但凡这些农民能团结一致,只怕李

①邵力子:《论萧山农民协会被军队摧残事》,《民国日报》副刊《觉悟》1921年12月20日。

成虎也不会走到这一步,衙前农民运动也不会如此快地失败吧。究其原因:首先,知识分子对劳农的同情心太薄,眼见他们受着极大的痛苦,总不代他们竭诚呼吁;其次,农民自身没有觉悟,不能结合团体,抵御统治阶级的无理压迫;最后,北洋政府虽然在法律条文上允许人民有集会结社自由,但农民为要减轻自身痛苦而集会,只会遭到地方政府暴力镇压。

出于地主与农民本质上阶级利益的不同,剥削与被剥削的关系必然导致阶级对立,并进一步演化为阶级斗争。

农民和地主的利害相容吗？与我们今日看来是的。但也许有些人会说不一定,别的例子我们暂且不论,只以萧山发生的尤其是李成虎的这一系列事件来看,也足以十分清楚地知道地主作为剥削阶级与农民是对立的。地主作为土地的所有者,不事农耕而收取土地收获的大头,这在旧社会无可厚非,但要什么"预收一年的地租",难道农民在长久的剥削下还有什么蓄积足以预支一年的地租吗？按理说,地主不但不应该预收一年的地租,反而应缓收一年,拿着这一年的地租,借给农民做春耕播种所必需的资本。推测他们的意图恐是因为如若现在不收租,恐怕农民到次年还是没有东西可以缴的。农民的生活已经穷苦到如此地步,而地主们却还想着预支地租,为满足自己个人的利益,而夺取农民的衣食,他们两者之间的利害冲突,已经激烈到如此地步,赤裸裸地摆放在我们面前。利害冲突依然如此,这还能免除他们之间的阶级斗争吗？

我们一方面怒斥地主和资产阶级的残酷剥削,一方面却又不得不承认农民阶级自身的软弱性与妥协性。农民心中不缺乏反抗意识与斗争精神,但他们长久以来受到的剥削和压榨使他们渐渐保守麻木,将心底的那股热血渐渐冷掉,而这也正是为什么中国农民需要共产党的领导,他们需要一股力量去指引他们,去带领他们,去将他们心底的那份热血与激情激发出来,并引导他们走上反抗的道路,给他们信念与方向上的支持。

(三)闪耀:李成虎留下的精神财富

衙前农民运动给后人留下了一笔宝贵的精神财富,这就是李成虎等贫苦农民在这场斗争中所体现出来的三大精神：

第一，敢为人先的精神。李成虎作为一个时年六十七岁的老人，凭他的阅历，他很清楚农民要求减租抗租，地主、点王（店王）是不甘罢休的，这是本质上的利益冲突，因此一场激烈的斗争在所难免，这些他早就预料到了，所以他说："大不了，头落地完了。怕什么！"但是他一经觉悟，就敢于站在斗争的前列，敢于担当起农民协会的重任，敢于做前人还未曾干过的事。这种敢为人先的精神，对于一个贫苦而又没有文化的农民来讲是十分难能可贵的。李成虎正是在这种敢为人先的精神的激励下，在沈定一已离开实际斗争的情况下，担当起了组织开展农民协会的各项具体活动的重任，并激励其他贫苦农民团结起来开展斗争。

第二，敢于斗争的精神。这主要体现在《萧山南沙组织农民团体宣言》中。这篇宣言出于何人之手，现已无法考证，但据后来学者考据推测，不可能是沈定一所写，因为他一向是主张"消弭残酷的阶级斗争"以谋求统一与和平的，他没有这样的勇气也不会这般激进。因此学者们推测，这篇宣言有可能是在衙前一带活动的年轻的革命者所为。但它实际上成为李成虎等领导的农民协会在遭到军阀当局镇压的情况下，觉悟了的农民给反动当局的一份宣战书："我们从今天以后，具牺牲的态度，斗争的手段，打破有产阶级在社会上的势力，叫他们有产阶级的人，在我们面前屈服！我们的肉体，是可以牺牲的，我们的精神，却是永久的存留着！……无产阶级的人，大家起来呀！"[1]而李成虎及其他农协领导人的所作所为已充分说明他们以自己的血肉之躯实践了这份宣言的精神。这种精神在建党初期是很不容易的。

第三，不怕牺牲的大无畏精神。农民运动被军阀当局所镇压，李成虎、陈晋生、单夏兰等农民协会领导人和萧绍各地许多农民协会负责人先后被捕，但他们都没有屈服于反动当局。李成虎被捕后，在萧山县知事的

---

① 中共浙江省委党史资料征集研究委员会、萧山县委党史资料征集研究委员会编：《衙前农民运动》，第39页。

公堂上大义凛然地说:"我是衢前农民协会底议事员,我是主张组织农民协会的,我是三折还租的提议者,怎么?"如此的坦然自若,如此的慷慨激昂,视贪官恶吏如无物,这需要何等的勇气啊! 以后更是"在监狱里勿肯吃饭,跟老爷撑硬头船"。结果被当局刑虐致死,为现代农民运动中第一个倒下去的英勇无畏的斗士。

如李成虎一般,这些英雄确确实实是"为群众谋利益而牺牲者",正因如此他们激励了后来者,为国家和人民勇敢地站出来抗争。广大中国人民正是继承和发扬了李成虎等这种敢为人先的精神、敢于斗争的精神、无私无畏的精神,在党的领导下,自改革开放以来,解放思想,勇于创新,才取得了今天辉煌的成就。也许很多人不知道李成虎是谁,但对李成虎的精神却并不陌生,因为这些精神深深地铭刻在中国共产党百年党史的每一页、每一字中,更已经深深地熔铸在中国人民的血液里。

因此我们可以回答李成虎临终时的问题了——"其余没有人了么?"有的,在你身后有亿万同胞,他们像你一样敢为人先、敢于斗争、敢于牺牲,为了人民的利益,为了人们的幸福生活,抛头颅洒热血,不畏艰险。在你的激励下,我们创造了一个幸福、美好、富强的国家,如你所想人人都能吃饱饭,人人都能有衣穿。如今的中国如你所愿,你的精神也将永远薪火相传。

第五章　党领导下的第一所农民子弟学校

　　二十世纪二十年代初,中国农民悲惨的状况有增无减,伴随农民的经济生活贫困而来的更是精神世界的贫瘠与知识的匮乏,平民教育的长久缺失加重了其生活上的不幸。农民们无疑陷入了被剥削的贫困深渊,进入无限死循环。沈定一、杨之华、宣中华等一批具有先进思想觉悟的革命知识分子来到萧山衙前,这个浙东古运河沿岸的农村小集镇原来毫不起眼,但因为他们的到来,农村面貌焕然一新,尤其是乡村教育方面。1921年4月,沈定一从广州回到家乡萧山衙前,开始了一系列农民运动的组织准备工作,模仿城市工人运动从创办工人夜校入手,农民运动也从筹建农村小学校开始,由此衙前农村小学校诞生了。从教学对象、内容、管理等教学要素来看,这所学校无疑是前所未有的,是具有新民王主义教育性质的学校。新民主主义教育之风从这里传向了整个萧绍平原,传遍了整个中国。当时有这样一句话——"吾党创办第一校,黑暗之中一明灯"。[①]这是在党领导下,第一所教育农民开展革命的学校,是党的教育史上具有里程碑意义的大事件。毫不夸张地说,小学校的建立为沉睡在黑暗中的贫穷农村带来了一丝希望的亮光。

一、深入农村,教育农民

　　到底是怎样的黑暗让不少进步人士以乡村教育作为武器呢? 农民在巨大的经济压力下,连最低的生存都难以保证,却还要受着地主的剥削,毫无反抗的意识。占人口大多数且深受压迫的农民是一股多么巨大的力

---

① 韩毓南:《衙前农村小学校》,亚太国际出版社,2011年,第10页。

量,却不自知。唯有通过教育激发农民的反抗精神,才能取得革命的胜利!而一直以来的乡村教育事业早已蓄势待发,想要推翻这不平等的阶级性的教育,去发展兼有精神、体力的真正的完整的人,包括农民!

乡村教育的兴起与发展绝不会是无源可溯的。二十世纪二十年代初,在军阀政府长期的混乱统治下,农民深受地主豪绅的压榨与掠夺,连最基本的温饱都得不到满足。天灾加之钱塘江坍江,无疑给萧山农民雪上加霜。农村经济十分凋敝,与贫困相伴的是经济结构的落后,农民的劳动成果被地主无情剥削,不仅表现在体力上,精神上也受劫制,表现为对地主消极的依附性。"对于那残酷专制的魔王,杀人放火的武人,掠夺劳动者的资本家,"①在那时候,竟然还有人去称颂他、讴歌他,错误思想之深无以复加。这就是农村农民的生活状况,体力和精神同时被掠夺,没有独立的自觉意识,即没有反抗的进步意识。《共产党》第3号上发表的《告中国农民》一文指出:"若设他们有阶级的觉悟,可以起来行阶级的斗争,我们的社会革命,共产主义,就有了十分可能性。"②

当时的中国是半殖民地半封建国家,虽然工业无产阶级代表着新的生产力,是革命事业中强有力的领导力量,是近代中国最具进步意义的阶级,但要想获得反帝反封建革命的胜利,无产阶级必须依靠同盟军农民,占全国人口八成以上的农民无疑是一股强大且可靠的革命力量。

而要激发这股蛰伏的力量,教育便起了作用,"革命的实践证明,以教师为职业开展农民教育,是农村革命的一条最稳便而有效的道路。"③那当时农村教育的状况又是怎么样的呢?

这个时期的教育是阶级的工具,是为阶级服务的。在以地主等有产阶级为主导的私有财产制度的支配下,教育也带着资本主义的色彩,资产阶级性质的教育成为统治人民的工具。也就是说,有产阶级垄断着支配经济的知识,剥夺了农民子弟的受教育权。要知道,教育的阶级性最终又

---

① 楼廷璠:《为什么要创办农村小学校》,《民国日报》副刊《觉悟》1921年11月18日。
② 韩毓南:《衔前农村小学校》,第33页。
③ 韩毓南:《衔前农村小学校》,第25页。

会导致两个阶级智能的悬殊,长此以往,"愚笨"成为农民的代名词。中国在此之前的数千年的教育,都是为少数人的特殊阶级服务的,从来都不是民众的教育。私塾便是特殊的贵族的教育场所。有产阶级将农民束缚在土地上,以剥夺他们的劳动成果为生。穷苦的农民家庭无法解决基本的温饱问题,哪还有闲钱供子女读书? 科举制下的平民尚可通过"穷读书"改变人生路径,而当时的农民子弟连读书的门路都给这无情的资本主义所斩断。农民子弟"即使抱着向学的愿望,也找不到一个不出学费而无代价的可以得到些学校应用的物品的学校"。[①]教育完全是不平等的,是"贵族的教育"。[②]

　　将农民子弟拒之门外的教育又是什么样的呢? 据沈定一回忆,他的一位有钱朋友的十六岁儿子,书读的倒不少,"社会情事,一无所知"。[③]又如周祠请的先生教给儿童的竟是《孟子》《史记》等一类中学高等以上所能研究的书……这些都证明了,当时教育系统的不完备,尤其是教学内容晦涩难懂,与社会脱节,不顾学生身心发展规律与认知水平。沈定一直呼这样的教育"是自杀的教育"[④]。但教育的不完美绝不是农民子弟无法接受教育的原因,儿童精神教育的缺失确是被动与主动的结合体。阶级层面上受教育的不平等是消极被动的,同时农民也受着主观因素的桎梏,"命中注定八字苦""穷人的儿女到底呆笨"等不合理的消极观念在他们脑海中根深蒂固,教育于他们而言,没有任何实际用处。儿童的精神是"被困在压迫底下的穷家庭夺去"的,[⑤]他们不被视为一个具有发展潜力的主体,而是农业家庭中不可缺少的、潜在的或现实的重要劳动力,他的价值只体现在那一片土地上。

　　在这样复杂的社会背景下,农村儿童受教育的大门被完全关闭了。

---

① 意庐:《浙江萧山衙前农村小学校概况(续)》,《民国日报》副刊《觉悟》1921年11月25日。

② 玄庐:《教育的社会化》,《民国日报》副刊《觉悟》1922年5月7日。

③ 同上。

④ 同上。

⑤ 玄庐:《衙前农村小学校宣言》,《新青年》1921年第4期。

而随着社会发展的需要，农民需要通过教育得到一定的知识与能力，在社会上有立足之地。对贫穷的农民最大的同情，"与其给以许多金钱，不如授以相当的知识，养成其有独立生活的技能——管理生产机关的技能。"①这就提出了学校社会化的要求。农村小学校便应运而生，"消极的为着要救济一般无力读书的儿童，避免将来生活的痛苦；积极的为着要养活全人类的无产阶级，取得将来生活的均等"，②让农民从"非人的生活"③过上"人的生活"，④通过接受相当的教育提高知识，另一方面也能让资本家逐渐觉悟，逐渐劳动化。⑤

五四新文化时期，杭州、上海成为传播新文化新思潮的重要阵地。平民教育之风终于吹到了萧山衙前村，平民教育作为一种教育思潮，在五四时期具有广泛影响。陈独秀曾主张，要让"引车卖浆之徒，瓮牖绳枢之子"，都能接受学校教育。一些有识之士提出应该打破"知识阶级"的观念，要"深入农村，教育农民，发动农民，使广大农民自觉地投身于革命斗争中"。⑥广大农民应该认识自己所处之水深火热，认识到这一切阶级不平等的根源便是万恶的私有经济制度，要与资产阶级及一切强盗阶级战斗，他们应该有革命的自觉性，而革命应当从教育入手。救中国必先救中国乡村，从中国乡村做起。通过乡村教育，启发民智，相信人类"都有他们自己的本能"，⑦都站在水平线上，可以接受"平均、普遍的发展"。⑧

沈定一率先将理论化为实践。1920年7月12日，他和俞秀松在衙前家里闲聊，俞秀松说："工厂生活，非我所愿，我还是在农村做事。"沈定一

---

① 玄庐：《教育的社会化》，《民国日报》副刊《觉悟》1922年5月7日。

② 意庐：《浙江萧山衙前农村小学校概况》，《民国日报》副刊《觉悟》1921年11月24日。

③ 楼廷播：《为什么要创办农村小学校》，《民国日报》副刊《觉悟》1921年11月18日。

④ 同上。

⑤ 孙沄漪：《我对于农村小学校的希望》，《民国日报》副刊《觉悟》1921年11月29日。

⑥ 中共浙江省委党史研究室：《中国共产党浙江历史第一卷(1921—1949)》，中共党史出版社，2011年，第84页。

⑦ 同③。

⑧ 同③。

回答说:"你先去学日文,将来最好到日本去进农业专门学校。"[1] 7月15日,沈定一又对俞秀松说:"那么许多不受知识的劳动界,我们有什么能力去改造他们呢?……我们要在乡村做事,还是去了长衫,和一般农夫工人做事呢?还是以绅士的态度去背弃他们呢?如其去了长衫做事,在现在的劳动界要做事,真是困难!"[2] 在与俞秀松的讨论中,他已经意识到了农民教育于革命运动的裨益之处。在这样的意识指引下,他萌生了创建农村小学校的想法,该想法经过几个月的准备工作后,被成功付诸实践。1921年4月,他从广州回到萧山衙前,为了实现通过改造乡村实现社会革命的愿景,他决定从乡村教育入手,"邀请原一师教师刘大白、学生徐白民、宣中华、唐公宪以及杨之华等,参加衙前农村小学校的筹办",[3] 但农村小学校的建立并不容易,经费、场地、设施、生源都是在建立过程中需要面对的问题。

沈定一等五人自掏腰包解决经费问题,对于场地问题,则由沈定一腾出位于西曹官河边的十多间私房作为校舍。接下来的工作就是学校设施的准备,既然经费是私人负担,那么经费注定有限,故而农村小学校只能在尽经费之所能的情况下准备了适合儿童使用的桌椅,以及儿童身心发展所必需的运动器具和游戏物品。

但在筹办之时,农村小学校遇到的最大困难并非是来自内部的场地、设施等硬件问题,而是没有人愿意把孩子送到农村小学校来读书。为了解决这个问题,沈定一和他的同事通过访贫问苦和社会调查的方式,了解到农民不愿意把孩子送去学校的三大原因。首先,农民的畏官情绪使得他们在听到"半官式"学校的时候产生了几分害怕;其次,在经济制度的高压下,找不到一个不出学费就可以得到学习应用物品的学校;最后,送孩子入学意味着家里缺少了一个辅助生产的人,经济上不免更加困难。要打消农民的顾虑,就必须开展思想动员工作,思想动员免不了同时向农

---

① 《俞秀松传》编委会编:《俞秀松传》,浙江人民出版社,2019年,第208页。

② 《俞秀松传》编委会编:《俞秀松传》,第210页。

③ 中共浙江省委党史研究室:《中国共产党浙江历史第一卷1921—1949》,第86页。

民宣传革命的道理。为了加强宣传以及自身理论素质的建设,他们还开办了龙泉阅书报社,出借革命和进步的刊物,如《新青年》《星期评论》《劳动与妇女》等一批刊物以及马克思、恩格斯的书。在筹建过程中,沈定一与同事常一起研究学习马克思主义著作,探讨革命的问题。在正式开办前,发表了几次演讲,他不断地向农民强调"你们应该争回被夺的权利了""你们仔细想想:从小的时候受教育的机会有没有",以唤醒民众意识,提升他们的参学热情和革命热情。在沈定一和小学教员的谆谆教育下,生源问题在一定程度上得到了解决。

至此,农村小学校的筹建工作基本完成。为了让社会上更多的人关注这所新型的农村小学校,校方发表了《农村小学校开幕通告》,通告中尖锐地指出"血汗的代价,只是痛苦贫贱;痛苦贫贱,把他们受教育的途径壅塞住了",[1]揭露了阻碍农民获得知识的关键因素——压榨,阐明了开办学校就是"要从积极发展他们的将来生活途径上,下些微的努力,或者使他们有机会有能力发表出他们身受的创痛来"。[2]

一束微弱而坚强的光刺破黑暗,是那么耀眼!

二、乡下人的学府

一日,沈家大宅院的门上贴上了一副对联,上联是"小孩子的乐园",下联是"乡下人的学府",横批"世界当中一个小小的学校"。这所乡下人的学府,在办学理念、校务、教务和校歌上,始终贯彻着"新"这一字。

1921年9月26日,衙前农村小学校正式开学。上午10时,刘大白、宣中华等人在许多工人、农夫、资本家、地主、官吏的面前宣布了由沈定一主持起草的《衙前农村小学校宣言》。其中对当时有产阶级和无产阶级之间的矛盾关系已经有了比较清晰的认识,"有产阶级不能离开无产阶级而生存,又不愿无产阶级得到支配经济的知识,所以用极严密极严酷的经济制

---

① 意庐:《浙江萧山衙前农村小学校概况》,《民国日报》副刊《觉悟》,1921年12月24日。
② 同上。

度压迫这无产阶级的儿童,使他们永远得不到受教育的机会。"①所以为了不让无产阶级继续深陷窘境,创办农村小学校这一种脱离有产阶级势力的乡村教育就显得不可或缺了。学校教员"已经了解农村小学校经费的性质,已经改变掠夺劳动剩余的性质为自己使用的性质了。我们更了解农村小学校所施的教育性质,已经改变有产阶级训练爪牙的教育性质为'人底发见'的教育性质了。所以我们不但反抗有产者的掠夺无产者,并且要禁止父母的掠夺儿女"。②短短几句话,表明了农村小学校的办学性质是社会性的学校,它实行的教育不是为有产者训练爪牙,而是为了"人的发现";奋斗的目标是反抗有产者对无产者的压榨,禁止父母因为经济的原因而剥夺儿女受教育的机会。宣讲结束后,在场的听众无不动容,表示接纳,对于在场听众的反馈,沈定一如此评价:"足见中国内地,不是不能宣传不能组织,只是有识无产者缺乏改革的决心罢了。"③

　　这所承载着众多进步知识分子美好愿景的新学校,在校务和教务的运作中,又是如何将他们的理想信念贯彻于实际的呢?

　　衙前农村小学校作为以贫苦农民子弟和青年农民为教育对象的社会性学校,学生的书籍、纸张全部由校方免费供给,对于路远的学生还免费提供膳食。即便如此,办学两个半月,全村一百四十四个学龄儿童中只有六十六人进入学校。但随着大多数农民意识到上学的确没有带来经济上的压力,学生人数增加到了一百多名,并且逐年稍有增加。全校分设五个班,编为甲、乙两组,其中甲组又分为A、B两组,A组为一些已经受过一年以上两年以下的私塾教育的学生,B组为一些未经入学的儿童;乙组则是一些已经受过三年以上四年以下的私塾教育的学生,此外又附设成人班。

　　对于教学内容,校方在教材选择上,分为自编与订购。自编教材选择的是《新青年》等进步刊物,订购的教材采用由商务印书馆编订的新教科书《新体国语教科书》和《新法国语教科书》,"开设国语、算术、常识、劳作、

---

① 玄庐:《衙前农村小学校宣言》,《新青年》1921年第4期。
② 同上。
③ 同上。

图画、体育、音乐等课程,以白话文进行教学"。①在教室里,教员还注重对学生讲一些工人运动和农民方面的问题。同时在筹建时期就设立的"龙泉阁书报社",为学生以及教员提供进步报刊、马克思、恩格斯的书,这就开阔了学生的视野,也为教员提供了研讨的平台。学校"不但要教学生以人生必需的知识技能,并且要随时以实用的知识教一般农民",②针对衙前水乡的特点,提出"上船会摇,下船会挑"的要求,在理论教育的同时也注重实践。

在教授方式上,为清除私塾教育所带来的积弊,针对不同班级分组选择不同的教学模式,对甲组实行复式教学,乙组实行单式教学;根据农村劳作的现实情况,灵活安排教学进度,争取使儿童能学到最多的东西。对附设的成人班,由于成人做工的时间比儿童更久,所以就利用晚上和雨雪天等农闲时间开课,教授文化知识的同时宣传革命道理,为争取农民革命做好思想准备。

学校的师资条件相对优越。教员主要来自浙江省立第一师范学校,在筹建之时就已经加入的有中国新诗倡导者之一的刘大白,"一师风潮"的领导者徐白民、唐公宪、宣中华以及浙江党团早期负责人杨之华。1922年冬,在沈定一邀请下,浙江党团组织的早期负责人王贯三也来到这里,同时还有张春浩、赵并欢二人。随后一些积极倡导新文化运动的革命青年如潘垂统、楼廷璠、郦翰臣、张维棋、孙沄涛等也加入了教员的队伍。他们以学校为阵地,运用课堂授课、当众演讲、积极宣传、实地调访等方式,对广大农民进行思想教育,为革命培养起一批有生力量。

当时的教员如刘大白,1921年春,受沈定一邀请之后,便开始协助其筹建农村小学校,参与起草《衙前农村小学校宣言》《衙前农民协会宣言》《衙前农民协会章程》。任教期间,他还创作了许多革命诗,用通俗易懂的语言,向农民潜移默化地宣传革命理念。又如杨之华,1921年夏来到衙

① 莫艳梅主编:《凤凰村志》,中国社会科学出版社,2019年,第1105页。
② 政协杭州市委员会文史资料委员会编:《杭州文史资料》第11辑,浙江人民出版社,1988年,第71页。

前后,除了参与筹建学校外,还进行了实地调访工作,动员农民,引导农民,密切自身与农民之间的联系,为办学做了思想上的部分工作。

在校务与教学管理上,农村小学校也贯彻了民主的理念。在校务上,学校不设置校长,而是将学校事务分为教务、庶务、文牍、会计四股,每股主任一人,分别根据校务会议的推定择人,由其办理一切。一切校务进行的方针,都由校务会议决定,每半月召开一次常会,若有临时发生的事情,则召开临时会议讨论决定。

在教学管理上,针对学生意识活动力很强的年龄特征,选择劝导与惩戒相结合的方式。惩戒的方式分为两种:一是群众批评,即把儿童所做一切不正当的行为,客观地在群众面前陈述,由儿童对此发表意见,根据多数决定施以惩戒或劝告;二是停止游戏,当儿童行为应受惩戒时,由群众决定对其进行五到五十分钟的停止游戏惩戒。此外在学生自我管理方面,依旧发扬教学民主,由学生自行选举组成学生纠察队,任职半个月。当纠察员缺席时,则以其他多数代行其劝诫或上报不正当行为、管理放学排队的职务;纠察员若有不正当的行为,则由教师免除并以次多数补充。此外学校还成立了学生家属会议,参与学校的管理,体现家校间的紧密结合。

学校还先后创作了三首校歌,并且都发表在上海《民国日报》上,校歌内容分别如下:

> 三色花
> 桃花红,梨花落。
> 有人向着桃花笑;
> 我们却对桃花哭。
>
> 从前白旗底下看梨花,
> 一白如雪万人家;
> 如今不见梨花,

只见桃花在含媚向晚霞。

一阵雨,一阵风;

桃花落地便无踪。

五月一日天气好,来看榴花血样红。

　　《三色花》以花作喻,桃花象征有产阶级,梨花象征贫苦人民,榴花象征可肩负重大革命使命的儿童们,在白旗即国民党统治时代,有产阶级生活惬意,而贫苦人民饱受压榨,唯有通过风雨般的革命斗争,才能实现解放。歌中蕴涵了对教育对象的殷切期盼。

　　劳动歌

　　你种田,我织布;

　　他烧砖瓦盖房屋。

　　哼哼! 呵呵! 哼哼! 呵呵!

　　做工八点钟! 休息八点钟! 教育八点钟!

　　大家要求生活才劳动。

　　认识字,好读书,

　　工人不是本来粗。

　　读书,识字。读书,识字。

　　教育八点钟! 休息八点钟! 作工八点钟!

　　大家要求知识才劳动。

　　槐树绿,石榴红;

　　薄薄衣衫软软风。

　　嘻嘻! 哈哈! 嘻嘻! 哈哈!

　　休息八点钟! 教育八点钟! 作工八点钟!

　　大家要求快活才劳动。

《劳动歌》与发动农民革命的办学目的密切结合,让农民要求生活、要求知识、要求快活,从生存、发展到休闲,步步推进,让农民产生权利意识,认识到自己的需求,为发动人民的革命热情提供思想力量。

> 牺牲的神
> 提起我的锄,锄平这世界;
> 世界锄不平,宁可大牺牲!
> 牺牲的人是成虎,成虎他爱我,
> 爱我,他牺牲。
> 他牺牲,他不死;
> 他的精神是种子;
> 播在我们的脑子里头,
> 化作锦阡绣陌,
> 千千年,万万世!

《牺牲的神》赞颂了农村革命运动的先驱李成虎为大众谋幸福而牺牲的精神,在缅怀他的同时,表现革命思想,为农村小学校的精神建设添砖加瓦。

从农村小学校的筹建到其运作过程,无不体现了在新的理论指导下,学校建设的新模式,为农村学校的改革、普及农村教育、实现农民革命带来了深远的影响。

天亮了。

三、我们的第一步踏进去了

衙前农村小学校掀开了中国教育史的新篇章,作为我党最早创办的农村正规小学,在革命红线的牵引下,在党的教育史上树立起了一杆革命的大旗,以"知识工农相结合"的方式教育和启发了农民及其子弟,为党领导下的第一个农民斗争浪潮的掀起创造了条件。

学校教员等先进分子一起组织创办了《责任》周刊作为他们的思想阵地,该刊物上承载了他们许多先进的思想理念。在教育方面,他们根据自己的实践经验,发现教育问题,提出解决方案,总结教育思想,主要围绕教育的普及性和实用性两个原则。

普及问题作为小学教育最突出的问题之一,《责任》周刊上有多篇文章都指出了解决该问题的紧迫性。如《社会的教育》一文中指出"大多数的民众,为什么都不能得到受教育的权利和机会的一个问题。这个问题是我们急待解决的一个重大问题呵!"①所以"最根本、最彻底的办法,就是要废去那家庭的、狭隘的教育,建设广泛的、社会的教育;就是要用了正当的社会教育,教给社会上所有的各个人,救出在那不健全的、黑暗的环境里面的各个人"。②

公宪:《社会的教育》

教育的实用性也不可忽视。学校自办学以来,学生缺课的现象一直存在,"缺席的人数,常常占学校的半数",因为"他们虽晓得入学的重要,但总不如现实的樵柴、割稻、放牛来得实惠、紧迫",③所以农民子弟在生活

---

① 公宪:《社会的教育》,《责任》1922年12月25日。

② 同上。

③ 王贯三:《家庭访问记》,《责任》1922年12月25日。

关系和交通不便等因素的困扰下,往往只能在有闲且天晴的时候方能入学上课。衙前小学教师王贯三通过家庭访问,真实了解到了在当时农村的经济条件下,让农民子弟每日按时上学是不切实际的,在教学内容上,诸如儿童文学这一类对他们而言也是不经济的。王贯三对此提出了改进建议:将教学对象分为两组,"使常常缺课的儿童,另在农闲的几个月,另备教材,延长每日教授时间,减少科目种类",如此便能使"常到校的学生不受牵制;常不到校的学生,也能在到校的几天里,得到实惠的知识"。[①]在教学方法上,对于帮助家庭生产的农村儿童,刘大白提出:"如果分段教授,使他们学得一段,就得一段的好处,而随时可以退学,自然也肯从百忙中抽出工夫来学这一两段的工课了。"[②]

他们的进步思想为乡村教育的革新做出了不可磨灭的贡献。由此看来,农村小学校在中国教育史上无疑是里程碑一样的存在。

学校自创办之初,便有一条革命红线牵引着它。在革命初期,教育正是党深入工农群众,开展革命运动的重要渠道。它是"为革命办学"思想的实践,在推动党的革命事业发展上有着重要贡献,开创了中国教育史上将革命与培养下一代两大任务同时抓的先河。

衙前农村小学校是当地教育农民、组织农民、发动农民的活动中心。它已经脱离了一般学校专事教育的职责,而作为一种开展阶级斗争的政治手段存在了,其中最为重要的意义之一便在于它最早开创了中国知识分子与农民相结合的道路。知识分子对于革命的重要性毋庸置疑。列宁曾在《我们的大臣们在想些什么?》中说道:"没有知识,工人就无法自卫;有了知识,他们就有了力量!"[③]而对于无产阶级最为可靠的同盟军——农民而言也是这样。"农民是没有团结力,所以没有战斗的能力。农民外观如一盘散沙,没有黏性,如果能加以团结的训练,非但不是没有团结力,而

---

① 王贯三:《家庭访问记》,《责任》1922年12月25日。

② 大白:《实行新学制问题》,《责任》1922年12月25日。

③《列宁箴言》编选组编:《列宁箴言》,中西书局,2018年,第11页。

且也有很坚固而不肯胡乱涣散的团结力",①他们是一股可以拿心血灌溉出来的强大的团结力,"如果有人向他们一招呼,一提醒,则枯草遇火,不论山上的,地上的,田里的,都大大地延烧起来,近风施威,将不能或遏了"。②衡前农村小学校的领导人和教员们显然意识到了这点,主动承担起农民运动中心人这一角色,原因有二:一是农民"本从前尊师的遗风,对于本村、或本乡、或本学区里的小学教师,从不相识,而心也敬之。如果教师有所发表,虽然认为不能满意,也必定能够藏进心窝的。小学校有家庭访问,教师和家族,更可畅谈一切,形式上既不至使农民起无谓的疑虑,实质上又可使农民肯虚心承受",③二是"可以小学校为聚集地,也就可以取小学校里的各种布置和秩序,做群众生活的训练模型。况且农民要加训练,断然不是一时一刻可以做得成就的;如不以常和农民接近,站在农民队旁的人去负担责任,那来这许多人常去督促进行呢"。④他们不为课堂局限,而是选择主动贴近农民,走进田野,去感悟农民的苦痛并主动维护他们的利益,并教育启发他们的阶级自觉,使他们能够同反动封建的地主阶级进行革命斗争。

1921年9月27日,衡前农民协会成立,会址就设在衡前小学校校内。此后以衡前农民运动为中心,带动了衡前邻近八十多个村庄掀起了农民革命运动的浪潮。正如衡前小学的教师之一的徐白民回忆:"不到半年,农会林立,较大村庄遍设学校(约占萧山区的三分之一)。"⑤

学校的教员们不仅向学生传授知识,更是以多种方式进行革命宣传,向农民们介绍城里的工人运动和学生运动的发展,宣传有关减租减息、抗捐抗税的理论,以此促进被压迫农民的阶级觉悟,激发他们的团结意识,

① 义璋:《劳动运动和农民运动》,《责任》1922年11月27日。
② 中华:《农民和革命》,《责任》1922年12月4日。
③ 同上。
④ 同上。
⑤ 转引自王永强:《党领导下第一所驾驭农民的学校——衡前农村小学校》,见中共杭州市萧山区委党史研究室:《衡前农民运动论文选编》,中共党史出版社,2002年,第130页。

从而为农民运动的发展打下基础。在衙前农村小学校的积极引导下,逐渐觉醒的萧山农民们开始有了捍卫自身权益的意识和直接行动。学校的教员杨之华、王贯三等人常到农民家中进行家访,实地调查农民状况;萧山南沙水患发生后,宣中华等老师还对此进行了为期三天的社会调查,并将调查报告向社会公布,得到了社会各界的同情和支持;在军阀当局试图通过武力解散农民集会时,衙前农村小学校的教师更是不畏强暴,领导组织了萧山南沙的农民斗争,还发表了《萧山南沙组织农民团体宣言》,其中写道:"我们今后,已经了解我们农民在社会上的地位。我们承认社会的不安定不平等,都是有产阶级形成的结果,并且有产阶级发达一步,他们的权力,也跟着发达一步。结果,使我们无产阶级的人,在世放(界)上,没有立足的地位。我们从今天以后,具牺牲的态度,斗争的手段,打破有产阶级在社会上的势力,叫他们有产阶级的人,在我们面前屈服!我们的肉体,是可以牺牲的,我们的精神,却是永久的存留着!最后,我们还很郑重地说:无产阶级的人,大家起来呀!"[1]正是衙前农村小学校教师与农民结合的实践,给予了衙前农民运动蓬勃发展的强大支撑,掀起了我党领导下的第一个农民斗争浪潮。

萧山团组织也发源于此。早在团组织正式成立前,有关的政治和革命宣传活动就已经开始了。在1922年五一节时,学校利用民间风俗,给农民发了一种糕,在糕的上面印有"五一纪念"等字样。[2]这在当时的全国农村中实为创举。让农民知晓还有这样一个旨在促进劳动者解放的节日,对于乡村劳动群众思想意识的觉醒具有启发意义。同年夏,衙前农村小学校还组织了一个全浙江夏令营,将一二百名浙江小学教员都组织起来,进行了类似于"马克思主义研究会"性质的马克思主义宣传。到1923年,衙前农村小学校的社会主义青年团萧山支部正式宣告成立。

1924年,在全国范围内的促成国民会议运动中,萧山人民中最早响

---

① 转引自徐木兴总编:《衙前镇志》,方志出版社,2003年,第241、242页。

② 中共浙江省委党史资料征集研究委员会、中共萧山县委党史资料征集研究委员会编:《衙前农民运动》,中共党史资料出版社,1987年,第163页。

应的便是衙前农村小学校的社会主义青年团成员和教师。他们在该年
12月初,就以"萧山衙前农民青年团"的名义在上海《民国日报》上向全国
发出《劝告全国农人赞助孙中山主张之通告》,《通告》中指出:"我们占全
国最大多数的农民同胞,虽然站在几重高压之下,可是实在担负着国家的
基本责任,蕴藏着伟大的力量。当这全国国民群起收受政权的机会,我们
也非诚意的来接收革命领袖孙先生的救国良策不可;努力地来帮助真正
的国民会议早日实现不可;我们也非联络一致来力谋参加国民会议不
可。"《通告》在最后还发出了有力的号召"全国农友同胞们起来,起来,起
来!"①强烈地表达了他们唤醒农民、发动农民的热切期望。

邓中夏先生在1924年发表的《论农民运动》一文中曾充分肯定了农
民教育对于中国革命的重要作用,他如是写道:"农民教育是我们一条最
稳便而有效的道路,如果把这一层办到了,就是我们的第一步踏进去
了。"②而衙前农村小学校正是党领导下建立的第一所教育农民开展革命
的新型的具有革命性质的小学。《民国日报》评价道"教育即革命,革命即
教育"③,可以说是非常恰当。

衙前的这群人相信,这份光亮终将从萧绍平原照遍整个中国,当然我
们也相信!

努力,努力!
探索有丰富的意义的努力!
钱塘怒潮滔滔地自东流,
逆着潮流遭灭覆!
凤凰山上撒下的一颗——
坚实的美丽的种子;

---

① 徐木兴总编:《衙前镇志》,第248页。
② 邓中夏:《论农民运动》,《民国日报》1924年3月29日。
③ 玄庐:《教育的社会化》,《民国日报》副刊《觉悟》1922年5月7日。

落在好土得滋润！①

　　这是沈定一在《教育的社会化》一文结尾处写的，这颗坚实美丽的种子会在凤凰山这片肥沃且贫瘠的土地上生根发芽，开花结果！这场乡村教育运动是二十世纪初兴起的大事，从萧山衙前开始，从农村小学校开始！

---

　　① 玄庐:《教育的社会化》,《民国日报》副刊《觉悟》1922年5月7日。

第六章　秋之白华

　　"有一个姑娘,她有一些任性,她还有一些嚣张……她有一些叛逆,她还有一些疯狂",而杨之华就是这样一个姑娘。她是人们眼中的新式女性,骑单车,与男子游泳……参加革命,她不断打破人们对女性的固有认识,坚持为妇女的解放运动而奋斗。让我们一起追随她的革命步履,体悟她的革命思想,重温她的革命情缘。

一、旧时代的新女性

　　成长在封建大家庭的杨之华,却有着冲破旧时代封建桎梏的新思想,不仅为自己的脚赢得了解放,还争取到了受教育的机会。

(一)挣脱裹脚和接受教育

　　杨之华从小便与众不同,这位被邻居称为"小猫姑娘"的女孩从小就有着冲破封建藩篱的"叛逆"思想。1901年,杨之华出生于浙江萧山县一个秉承儒家传统生活的封建大家庭中,但二十世纪初的萧山,已经受到杭州、宁波、上海等对外开放商埠的影响,再加上父亲杨檗梅经商,常年往来于杭州和上海之间,自然而然受到了一些进步思想的影响。因此杨之华所生活的这个封建大家庭较早地接触到西洋进步文明。[1]这样一种特殊的家庭环境,在某种程度上为她之后的不一般开创了条件。

　　杨之华的童年正值中国社会大变革的时期,新思潮抨击女子缠足,提

---

[1] 张素玲:《革命与限制——中国共产党早期妇女领袖(1921—1927)》,河南大学出版社,2011年,第187页。

倡将妇女从肢体和精神上解放出来。清末新政在教育方面颁布的有关章程,准许女子小学和女子师范学堂的创立,这使得女子教育首次得到了官方的认可。①杨之华的童年和少年刚好赶上了不缠足和女子教育得到发展的时期,但她的母亲受传统社会封建思想的影响,逼迫她缠足,不让她读书。天性活泼好动的杨之华强烈反抗缠足,也因此遭受了母亲的痛打,但皮肉之苦没能让杨之华向现实屈服。她求助于家里给哥哥请来的私塾先生,并成功得到了私塾先生的支持,为她的脚赢得了解放,成功打破了当时虐待女性的封建意识。之后杨之华的"大脚"也给她带来了意外的读书的机会。六岁的杨之华刚好赶上清政府颁布有关女子小学和女子师范的章程,这是一个女子接受教育的"福音",杨之华也破例被允许和哥哥一起读书。这是杨之华"叛逆"思想取得的战果,同时也是她接受新的思想教育的开始。

之后,比她大两岁的哥哥,在经过家塾学习之后,进入县城里的高级小学进一步学习,而十三岁的杨之华却依然留在家里做着野大姑娘。但是时代的观念发生了变化,读书上学的观念正在取代小脚女子,以往人们普遍认为"女子无才便是德",但是现在人们转变了思想,认为受过教育的女子更加有魅力,更容易找到一户好人家。杨之华的母亲原本强烈反对之华接受教育,之后终于在一位远亲的劝说和开导之下转变了思想,开始同意杨之华去外面接受新的教育。于是到了1914年,"小猫姑娘"临时取了一个名字——杨之华,进入萧山县城二等小学一年级读书。但此时的杨之华已经十三岁了,远远超出了普通孩子入学的年龄。这位"大姑娘"在班里显得有些格格不入,杨之华在这里感到十分孤独。不久学校因为经费紧张而被迫关闭。

杨之华的父亲受过一些新思潮影响,所以思想较为开明,他见自己的女儿那么喜爱读书,就设法送之华去浙江私立女子实业学校就读。之华牢牢把握住这一难得的机会,在这里刻苦学习知识。之华不仅在学习方

---

① 张素玲:《革命与限制——中国共产党早期妇女领袖(1921—1927)》,第189页。

面取得了十分优异的成绩,而且她待人接物热情诚恳,深得老师和同学们的喜爱,这使她的父亲感到十分骄傲。杨之华在这里也学到了许多生活方面的实用技能,如烹饪、缝纫等。多年后她的女儿回忆到自己的妈妈时曾说:"妈妈很懂得生活的美……尽管斗争生活那么紧张、忙碌,但都是自己亲身做饭,并且时常自己亲身做衣服,无论是中式衣服,还是俄式萨拉番(一种农村姑娘穿的宽大裙袍),她都做得非常的合体。"①

毕业之后杨之华原本打算继续留在这里,但是几封陌生男子写给她的信却给之华带来了麻烦。这件事在当时传统意识还十分浓厚的学校里,引起了大家的非议。校长更是在未经过之华同意的情况下私自拆开了信件并斥责杨之华。之华感到自己的隐私受到了严重的侵犯,人格受到了极大的侮辱,于是放弃了原来打算留校的计划,愤然离开学校。

之后杨之华通过自己的努力进入了当地女子教育的最高学府——杭州女子师范学校。但似乎这所省立第一女师并没有让杨之华走出封建的禁锢。女师所用的读经课本乃是《列女传》《女诫》《女训》等,这都是宣传唯唯诺诺的封建女性的典范。而这与杨之华小时候所崇拜的花木兰和秋瑾这一类女英雄的形象截然不同,于是之华心里就对其产生了抵触的情绪。之华回忆道:"我感到这里也是充斥着黑暗,拆信和不自由反而变得更加严重","一天要上9个小时的课程,并且教授的是死板用功的落后方法,这弄得我原本简单的头脑变得更加麻木了"。②杭州女师对学生的管理十分严格,学校不允许学生与外面的人通信,她们之间的谈话都要被一一记录。除此之外,学校连学生的服饰、作息等方面都做出了严格的规定,这样一种严格的管理制度令杨之华感到十分不适应。虽然当时这种现象在女校当中并不罕见,但是杨之华一直在以自己的方式挣脱传统封建的禁锢。

在五四运动之前,杨之华已经读过《新青年》等进步的报刊,受这些进

① 马纯古、章蕴等:《回忆杨之华》,安徽人民出版社,1983年,第159页。
② 杨之华:《文尹回忆录》,瞿秋白纪念馆编:《瞿秋白研究》第12辑,学林出版社,2002年。

步报刊的影响,之华开始对社会现象和社会问题进行观察和思考。当杨之华在杭州女子师范读三年级的时候,五四运动爆发并很快蔓延到南方,这场起源于北京的学生爱国运动强烈地冲击着南方文化名城杭州,学生们沸腾了。由于女校学生的家庭条件较男校更为困难,因此女校的斗争性更为强烈。杨之华作为先进知识分子,与同学们一起投身运动,走出校门,游行示威。之华更是凭借着自己卓越的口才,积极参与演讲,宣传反帝反封建思想,支援北京学生的爱国运动。杨之华在运动中贡献了自己的一份力量,这是她迈出的勇敢的一步,也是她走向革命道路的第一步。

当时五四新女性形象的标志之一是剪短发,于是杨之华果断地减去了原先一头漂亮的长发,梳成了短发。这在当时引起了家乡邻里的纷纷议论,大家都说"小猫姑娘变尼姑了!"按照女师的校规,女生如果剪掉长发是要被开除的,但是杨之华不顾被开除的风险,大胆剪去长发,用自己大胆的"叛逆"行为,向陈规陋习做出了挑战。之后杨之华还做出了一系列乡里人理解不了的"异端"行为:下水游泳、上街骑自行车等。在当时思想文化严重封闭滞后的乡村,杨之华的这些"叛逆"的行为是人们想也不敢想的事情。杨之华这位生长于封建旧时代的女性,却显露着为常人所无法理解的新思想。

在提到杨之华思想发生转变时,不得不提到沈定一,这位杨之华革命思想的"第一位引路人"。

(二)《星期评论》与思想转变

真正引领杨之华走上革命道路的人,正是沈定一。杨之华和沈定一的儿子沈剑龙在很小的时候就定下了娃娃亲,所以沈定一一直对这位未来的儿媳格外地关注。1919年暑假期间,杨之华收到了沈定一从上海寄给她的《星期评论》周刊。杨之华被里面传播的"赤色"进步思想所感召,思想发现了巨大的变化。杨之华说:"受到传播社会主义思想的上海进步刊物——《星期评论》的影响,我的思想发生了巨大的变化,我变得不愿再死读书、读死书了。"①

　　《星期评论》对杨之华产生了多方面的影响,关于妇女解放的论述就是其一。《星期评论》提出的关于妇女解放的观点已经远远超出了原先仅仅是反对封建伦理道德的范畴,它一直努力站在历史唯物主义角度去解释妇女解放的问题,这与当时中国译介马克思主义者出版关于妇女解放的一大批著作遥相呼应。②而《星期评论》的这些观点成为杨之华较早接受的较为正确的观点之一,给予杨之华十分深刻的影响,并直接影响了杨之华之后领导的妇女解放运动。另外《星期评论》还刊登了许多介绍苏俄及其妇女状况的文章,这些文章唤起了杨之华冲出女师牢笼的强烈欲望。

　　之后杨之华的思想越来越"叛逆"。女师开学之后,杨之华开始和其他进步女生创办《进步》刊物。"一师风潮"前后,涌现了《浙江新潮》《钱江评论》《曲江工潮》等一大批宣传新思想的刊物,同时《新青年》和沈定一等人创办的《星期评论》也在杭州社会各界广泛流传开来。在这些新思潮的影响之下,杨之华做出了她人生中一个重大的决定——放弃令人羡慕的女师毕业的文凭,走出校门,去重新选择并追求自己的理想。

《浙江新潮》是当时以宣传新思想为宗旨的进步刊物

---

　　① 杨之华:《文尹回忆录》,《瞿秋白研究》第12辑。
　　② 陈福康、丁言模:《杨之华评传》,上海社会科学院出版社,2005年,第36页。

于是杨之华在1919年冬天放寒假的时候,只身前往上海,当时的杨之华是抱着去苏俄学习的心愿的,"那时我听说星期评论社打算组织一批青年赴苏俄去学习,我就满怀期待到了上海,但最后没能去成,于是就留在该社工作"。①在去苏俄无果之后,她便留在了沈定一等人创办的星期评论社,在这里杨之华的思想又有了进一步的发展。

来到星期评论社之后,杨之华在这里遇到了很多充满进步思想的朋友和老师,如俞秀松、李汉俊、施存统等人,还见证了中共的创建工作。在这批中共创建者的圈子里,她学到很多东西,这对她思想的发展产生了十分重要的影响。杨之华在星期评论社的百余天里,收获颇多:第一次接触到筹建中共的"马克思主义研究会"的圈子、第一次较多地直接接触马克思主义的宣传影响、第一次参加上海五一纪念活动、第一次接触工人运动等等。杨之华第一次就以十分高的起点到上海参加社会斗争和宣传活动,这段经历成为杨之华政治生涯当中一个非常好的开端,之后她的政治意识逐步增强,思想逐步提高,而这一切首先都得归功于她的"第一位引路人"——沈定一。

杨之华与沈剑龙的婚姻是在娃娃亲之上的自由恋爱之果,这样门当户对、青梅竹马、情投意合的一对却没能走到最后。结婚仪式虽是进步的,但结婚本身却给她带来了痛苦。

(三)自由恋爱与新式婚礼

杨之华的妹妹杨之英回忆道:"由于我们家和沈家世代交好,姐姐和沈剑龙的婚事是沈老先生与我父亲在姐姐幼年时就早早定下的。"②衡前的沈家与坎山三岔路村的杨家只有将近三十分钟的路程,且两家在当地都是赫赫有名的富豪大家,逢年过节双方皆有来往。在世交之谊下,杨之华与沈剑龙,孩童时就定了娃娃亲。

---

① 杨之华:《回忆秋白》,人民出版社,1984年,第1页。
② 马纯古、章蕴等:《回忆杨之华》,第146页。

1920年5月1日出版的上海《星期评论》"劳动日纪念"专号

　　《星期评论》出了超大型的"劳动日纪念"专号之后不久,就被迫停刊。《星期评论》停刊之后,原先和杨之华一起在这里共事的人都先后离开,转而从事其他的革命活动。杨之华赴苏俄深造学习的计划失败了,投身的事业也破碎了,她闯荡世界的决心以及满腔的雄心壮志都无处可落,独自一人在上海的她感到十分迷茫。这时沈剑龙到了上海,来到了她的身边,作为未婚夫的他与杨之华有了进一步接触。据俞秀松日记记载,6月19日,"傍晚,剑龙邀我同他们——还有(杨)之华一同去骑脚踏车"。6月28日,"傍晚,(杨)之华邀请我同去骑脚踏车,骑脚踏车本是很可解闷的运动……我们出去骑,路上底人都看得(杨)之华很纳闷,以为女子也会骑脚踏车?"① 沈剑龙品貌出众,从小接受过良好的教育,琴棋书画样样不在话下,是个风流倜傥的才子。且受父亲激进思想的影响,他对新事物的接受度极高,青梅竹马的两人,以骑脚踏车这一活动拉近了两人思想上的距离,两颗心因此而有了触动。

　　在俞秀松的建议下,杨之华与沈剑龙等朋友通信来摆脱寂寞,除了骑

---

　　① 上海革命历史博物馆(筹)编:《上海革命史资料与研究》(第一辑),开明出版社,1992年,第271—278页。

脚踏车外,游泳也成了两人的共同语言,两颗心越靠越近。沈剑龙爱上了才貌出众的杨之华,托人到杨家来说媒。据杨之英回忆,开始时母亲怕杨之华到大户人家会受歧视,不敢答应。但姐姐的第一任丈夫沈剑龙,很开明,主张婚姻自由,很赞成他们的结合。对于婚事,杨之华听从了父母等人的意见,经协商决定选择回乡于1921年1月26日完婚。[①]但对于是否留在上海这一事上,即使沈剑龙前后多次劝说,她依旧坚持继续留在上海坚持自己的志向。之华报考了上海女子青年会体育师范学校继续学习,而她和沈剑龙的婚礼在1921年1月26日如期举行。

萧山当地有名的两大家结为秦晋之好,其婚礼仪式理应是礼俗烦琐、排场阔绰的,"杨之华的哥哥结婚单单是在门口搭设的花架(迎新娘)就有七六里路之长。"[②]而受新思想洗礼后的杨之华十分反感旧习俗中结婚时的那一套繁文缛节,对于她的想法,颇具民主平等思想、提倡妇女解放的公公也很赞同。于是杨之华的婚事新办,选择了当时颇受新知识分子推崇的文明结婚。

结婚那日,杨之华剪着齐耳的短发,没抹胭脂没搽粉,没带嫁妆也不坐轿,就只穿了一套粉红的衣服,面带微笑,大大方方地走进沈家。杨之英回忆说:"姐姐去夫家时没有穿嫁衣,就穿一套粉红色的衣服,既不坐轿也没有带嫁妆。姐姐和沈剑龙的结婚仪式在公公沈玄庐的主持下,成了一场演讲会。仪式很简单,夫妇双方在会上各做自我介绍,会后也没有请酒设宴"。[③]当时封建婚姻制度还十分盛行,社会上时兴的是父母之命、媒妁之言,这样一种别具一格的结婚仪式在当时看来,确实是一桩闻所未闻的奇事。沈、杨两家父亲都是思想开放的新派人物,并不拘泥于陈规旧俗,婚事新办以茶话会代替婚宴,并且亲自主持结婚仪式,成为当时人们津津乐道的新鲜事。

杨之华和沈剑龙之间的结婚仪式虽然是进步的,但这桩婚事本身却

---

① 陈福康、丁言模:《杨之华评传》,第113页。

② 陈福康、丁言模:《杨之华评传》,第114页。

③ 马纯古、章蕴等:《回忆杨之华》,第147页。

给她带来了痛苦。这无疑是门当户对、青梅竹马、情投意合的一对,新婚之初,两人感情也甚笃,但杨之华的婚姻,表面上似乎是幸福的,实际上不幸很快来临。

二、妇女解放先锋

作为旧时代的新女性,杨之华幸运地在前辈的引领下投身革命,从衙前农民运动到妇女解放运动,以自我实践孕育妇女解放思想,为妇女解放运动奉献一生,成为一代妇女解放先锋。

(一)探索早期革命道路

杨之华在婚后立即回到上海女师体校读书,但因激进言论,不久就被开除。沈定一就动员杨之华回到萧山衙前,筹办农民小学。重新回到衙前后,之华夫妻二人不愿过多依靠沈家生活,立志做出自己的一番事业。于是两人在衙前农村小学校担任教员,过上了一段相依相伴的幸福生活。但两人在革命道路上的分歧日渐显现,两人的兴趣及个性差异也越来越大。

沈剑龙不耐乡村生活的单调乏味,于是在朋友的邀请下来到上海,本就是多情才子的他开始沉湎于上海灯红酒绿的花花世界,乐不思蜀。而此时杨之华依旧在衙前农村小学校兢兢业业地当教员,怀孕的她仍以教学工作为重。衙前农村小学校刚刚开设时,前来上学的孩子寥寥无几,甚至出现来上几天学又不来的情况。为了搞清楚缘由,之华连续到多家采访,积极宣传读书的用处,并采取给每个来上学的孩子分发一个鸡蛋的措施吸引孩子们来上学。而这所小学也不仅仅是一个教书育人的场所,同时也是农民活动的中心。学校的教员向附近农民宣扬减租减息、抗税抵税的思想,"1922年年底的萧山农民的抗租示威运动,就是由这个'农村学校'发起的。"①因此衙前农民运动中也有了衙前农村小学的身影,二者

---

①马纯古、章蕴等:《回忆杨之华》,第13页。

相结合促成了中共第一次有组织纲领的农民运动。

衙前农村小学校原址

　　杨之华一心投入农民运动的前期宣传工作,时常深入农户做思想发动工作。她还与"一师风潮"中的学生骨干宣中华等人进行了思想上的交流,目睹了衙前农民运动前后经过的她,在前辈思想启发之下从其失败中总结出经验。血的事实,使杨之华深刻地认识到没有统一的领导,农民运动是很难成功的,必须依靠组织的力量。1922年,杨之华到达上海,在上海加入了社会主义青年团,随即又回到萧山继续教员工作,并与宣中华同志一起开展党和团的革命活动。当时女学生抛弃家庭去从事革命的事例可谓寥寥无几,而杨之华的事例更是其中的典范,她成为萧山县唯一的一位女革命家。这段参与衙前农民运动和在衙前农民小学校任教的经历,无疑是杨之华革命思想萌发并初步发展的基础。

　　在杨之华早期的革命经历中,我们都不难发现沈定一的身影,他对杨之华走上革命道路起了至关重要的启蒙作用。他在思想上引领杨之华打开新世界的大门,融入当时先进知识分子的群体,从农村、家庭那小小一方土地中走出来,使杨之华更加深入地了解马克思主义思想,"其创办的《星期评论》从思想方面影响杨之华,包括反帝反封建、宣传唯物史观、介绍苏俄社会主义、鼓吹劳动神圣、组织妇女解放等新思想、新观念。"①

　　杨之华作为一名女性投身革命,走上革命道路的行为在当时不被理解,而沈定一给予了她极大的支持力量。"她曾亲身参与了激进刊物的编

---

　　① 陈福康、丁言模:《杨之华评传》,第54页。

撰,参加筹建农村学校,目睹了中国现代农民运动史上第一个农民协会的成立,这些都成为其后杨之华选择人生道路的重要影响因素。"①这些不一般的经历对杨之华后来的革命思想起到了不可磨灭的重要作用。沈定一的言行也深刻地影响着杨之华,比方说支持她加入青年团,主持她与自己儿子沈剑龙的文明婚礼,支持她去上海大学学习之类。这些超前的思想在当时是被人所理解不了的。正是沈定一这些先进的思想和支持让杨之华思想的转变有了切实的保障,推动杨之华义无反顾地走上赤色之途。

杨之华生长于传统的封建大家庭,她深刻地感受到封建伦理道德对女性的摧残,"新"的她站在时代的浪尖,大声喊出了妇女解放。

(二)传播妇女解放思想

婚后饱受婚姻困苦的杨之华来到上海寻找人生转机,在这里杨之华萌生了早期的妇女解放思想。这次上海之行,杨之华遇到了一位向她求爱的青年。作为一名有夫之妇,杨之华不愿接受这份感情,但她的冷淡却被曲解为默许。于是备受这一曲解打击的之华,在杂志上发表了以愤慨之笔写就的《社交与恋爱》这一文,文章显示了新女性要求平等独立的性格。从此次事件中,之华发现即使在受过教育的思想知识分子那里,重男轻女、一味将过错归于女性的现象依旧顽固存在着,思想的解放仿佛并未触及这一领域。在认识到笔和文章的强大力量之后,杨之华需要通过文字传递自己要求男女平等、妇女解放的思想。

思想的洪流一经打开,喷涌的思绪就无法阻挡。在这段时间中,《旧伦理底下的可怜人》《离婚问题的我见》在之华的手中写就,这两篇文章都深刻地表达了杨之华要求男女平等、婚姻自主和要求被尊重的女权主义的强烈思想。而在《谈女子职业》一文中,她进一步提出女性要在经济上实现独立,从而摆脱对男子的依附。在封建大家庭当中长大的杨之华,深感封建伦理道德对女性的束缚。她希望通过自己的文章向广大妇女传播

---

① 张素玲:《革命与限制——中国共产党早期妇女领袖(1921—1927)》,第201页。

妇女解放的思想,激励女性勇敢追求自身的解放,不被旧习俗及旧礼教所束缚。这段在上海发表文章,抨击社会的黑暗和男女不平等现象的经历,大大促进了杨之华妇女解放思想的形成,为之后杨之华从事妇女运动奠定了重要的基础。

杨之华怀孕后一个人在衢前老家独居,沈剑龙对此竟也不闻不问,她在其继母的照料下生下了一个女儿,后取名为晓光。此时杨之华还寄希望于以书信唤回沈剑龙的心,但多次写信却连一个字的回信都未等到。她无法容忍这种家庭生活,她把孩子放在沈家,只身到了上海寻找丈夫,设法使他回头,但始终无效。杨之华伤心不已,遂给女儿改名叫独伊,意思是只生这一个,以表明她对沈剑龙的怨恨和决裂。之华后来留在上海求学,这得到了公公的支持。

对待婚姻,杨之华说:"我们看社会上有许多男子不爱他的妻子,他就可以去嫖娼娶妾,而女子终自陷于枯寂、悲惨、苦痛的囚笼,像失去知觉一样,害死在男子手里的女子不知有多少! 或者不死的,伊因受礼教习惯的束缚,永不敢提出离婚的条件来和伊的男子分离。"①从中我们可以发现其对待无感情的婚姻的态度,她认为此时就应该果断地选择离婚,不因受礼教压迫而放任自身陷于泥潭。离婚对于当时的人们而言,无疑是一件违背封建伦理的事情,这样惊世骇俗的言论在当时是另类的。在杨之华写下这篇文章时,不幸的婚姻已使她感到压抑、迷茫、焦虑和无奈,或许这个答案也是给自己的。

上海大学招生的消息传来,试图挽回婚姻情感却失败的杨之华,孑然一身地怀揣着革命热情进入上海体育学校学习,而后转学进入上海大学。而在上海大学求学的经历是杨之华思想上的一大转折,从此她的革命理想熊熊燃起。杨之华成功考上上海大学的社会学系,成了瞿秋白的学生。秋白的博学多识、儒雅沉静与翩翩风度都给当时正怀揣着一腔革命热情与婚姻怨艾的她留下了深刻印象。

---

① 马纯古、章蕴等:《回忆杨之华》,第179页。

而此时的瞿秋白正沉浸在与王剑虹浓厚美满的婚姻爱情里,杨之华与他的接触也仅仅停留在课堂上,与冷静严肃的他来往极少。命运总是残酷的,没过多久王剑虹便因身染肺病而芳华早逝,失去爱人的瞿秋白在无比的悲痛中依旧投入繁重的教学任务与革命工作。也正是这一时期,杨之华对革命活动的热情与优秀的组织能力及其超脱的思想,都给瞿秋白留下了深刻的印象,特别是瞿秋白与杨之华和鲍罗廷夫妇的交谈活动让瞿秋白更加深刻地了解到杨之华的革命思想与卓越才能。这次接触后,杨之华也感受到了他内心对工作的热情,在瞿秋白骄傲、严肃、沉静的表象之下,她看到了他的诚恳与谦虚,之后瞿秋白还做了杨之华的入党介绍人。

在上海大学这座革命性的学校里面,先进的知识分子们主动承担起中共党员的责任,他们在学生当中宣传先进的革命思想的同时也不忘宣传有关妇女追求独立与解放的先进思想。上海大学的老师们也将这一工作融入日常教学,开设了一些有关妇女问题的课程。[①]这些课程对于女学生的作用极大,启发了其对于妇女问题的认知,同时开始将目光投向妇女解放问题,后来这些女学生中的很多人在上海各界组织妇女联合会。在上海大学求学的经历,使杨之华的思想得到了进一步的解放,还遇到了一群有着相同理想和信念的青年。即使在多年之后,杨之华忆起在上海大学的生活,仍然感慨道:"我很喜欢这个新环境,这里面的一些人给予我不可磨灭的印象。"[②]在这里,她遇到了与其相伴后半生的革命伴侣——瞿秋白,遇到了一起参与妇女解放运动的革命同伴——钟复光和张琴秋,更是遇到了她人生中另一位重要的领路人——向警予。在向警予的影响之下,杨之华一步步成长,在妇女解放运动中书写自己的传奇。

沈定一、瞿秋白和向警予在杨之华政治生涯的不同阶段中先后充当了老师的角色。沈定一给予她的是一种"量"的初步影响,而向警予给予

---

① 黄美真、石源华、张云编:《上海大学史料》,复旦大学出版社。1984年,第15—59页。
② 《忆秋白》编辑小组:《忆秋白》,人民文学出版社,1981年,第189页。

她的则是一种"质的飞跃"的深入影响。

(三)投身妇女解放运动

1924年春,上海大学开学之后,杨之华初次与向警予见面。国共合作正式建立后,时任中共妇女部部长的向警予急切地想要物色和培养新一批的妇女干部,而上海也是全国女工的聚集地。如何更好地组织、联络和教育女工是中国共产党发动妇女运动的重要任务,因此向警予将上海大学的女学生作为重点培养对象。

杨之华曾回忆说:"她常到我的宿舍里来,一谈就是几个钟头,谈工作,谈工人、妇女、学生的各种情况,不断地帮助我,把我当作培养的对象,我很佩服她,尊敬她,希望自己能学她的榜样。"[①]对她们进行初步的考察之后,向警予挑选了杨之华、张琴秋和钟复光等青年大学生,有意识地对她们进行思想和工作方面的重点培养,希望把她们培养成出色的妇女干部。由此之华进入国民党的上海执行部妇女部工作,在更加广阔的平台之上,杨之华获得了更多的锻炼。向警予对杨之华的影响十分深刻,杨之华在以后四十多年的政治生涯当中有长达一半的时间都是在从事妇女运动,为中国现代的妇女事业做出了杰出的贡献,是向警予毕生从事妇女解放运动当之无愧的接班人。

她深入上海女工比较集中的地区进行调研和宣传鼓动,以一身女工服饰贴近女工生活与工作,进一步融入女工群体,引翔港的公大、同兴、厚生纱厂,浦东的日华纱厂,杨树浦的老怡和纱厂及英美烟厂等都有她宣传的身影,"她和工人们谈心,关心他们的疾苦,动员他们学文化,和广大女工建立了深厚的友谊。"[②]并且她能够非常有效地与女工进行沟通,杨之华的同学阳翰笙曾回忆说:"杨之华会说上海话,工人听得懂,也有经验,工

---

① 《忆秋白》编辑小组:《忆秋白》,第195页。
② 马纯古、章蕴等:《回忆杨之华》,第27页。

人的痛苦她知道,还可以用工人的语言来说话,所以工人非常拥护她。"①

1924年,国民会议运动在全国兴起,各省女界国民会议促成会的建立提上了日程,其代表还将参与全国代表大会,形势一片大好。自此杨之华与向警予密切合作,深入广泛地发动群众,进行大规模宣传工作,力求唤醒妇女群众的政治觉悟。在当年11月孙中山先生路过上海稍事停留时,杨之华、向警予、王华芬共同起草了一个公函,准备将其在群众大会上呈给孙中山先生。她们在这一公函中言明必须有妇女团体参加国民议会的缘由,更是提出:"非有成千上万的妇女参加,中国国民革命也是不会成功的。"杨之华还代表各界妇女力陈参加国民会议运动的要求,表达了妇女界愿为国民革命早日成功贡献力量的迫切心情。杨之华的讲话得到了群众的支持,同时也得到了孙中山的认可。经过一段时间的筹备工作,上海女界国民会议促成会于1924年12月21日正式成立。

从"形式"上挣脱旧观念、旧习俗的沉重枷锁到从内容上体现自我,杨之华对自我的解放造就了"秋之白华"这一革命传奇。

(四)解放自我,找寻真正归宿

1924年,瞿秋白与国民党右派的斗争激烈化,因此他不得不辞去大海大学的工作,开始转入地下。在这一特别时期,与其联系的负责人只有几位,杨之华便是其中一员。在瞿秋白面临斗争的巨大压力时,她在其生活上竭尽所能地提供帮助,为其做饭、洗衣,照顾他的日常生活。与此同时,杨之华也在与瞿秋白的接触中增长见识,得到了他的鼓励与指导,在他的带领下深入学习革命理论。两人的关系逐渐向朋友转变,频繁的交往,互相的关心,情感世界的空白,不知不觉间两人的爱慕之情也在发展。

两人的感情在艰苦的革命斗争环境下一步步加深,杨之华也感受到了瞿秋白对她的爱慕之情。互相爱慕本是难得的佳事,但杨之华还有着

---

① 阳翰笙:《回忆上海大学》,转引自杨扬、陈引驰、傅杰选编:《文人自述》,杭州大学出版社,1998年,第194页。

与沈剑龙那一段名存实亡的婚姻,离婚对于当时的她来说承受的世俗压力与心理压力难以想象。但在几个月的彷徨犹豫后,她坚决地走上了这条注定饱受世俗观念恶毒攻击的路,去大胆追求所向往的爱情。"如果说杨之华初婚时'双不',只是在'形式'上挣脱旧观念、旧习俗的沉重枷锁,那么她现在大胆的所作所为,则是从'内容'上体现自我价值,追求妇女解放。"①

经过认真的思考,杨之华决定与沈剑龙离婚,瞿秋白也在邵力子的建议下选择与沈剑龙谈判争取。1924年11月,瞿秋白和杨之华来到萧山后便到了沈家,在这里两人与沈剑龙推心置腹地谈了两天。在这之后,他们又来到了瞿秋白的常州住所详谈一天。秋白的住所里家徒四壁,竟然没有一条椅子,三人只是坐在一床破旧的棉被上进行谈判。②对于当事人而言,这是一场五味杂陈的会谈,奇妙的是瞿沈两人一见如故,惺惺相惜。1924年11月27日,三人在上海《民国日报》的第一版一连发了三条启事:

> 杨之华沈剑龙启事:自一九二四年十一月十八日起,我们正式脱离恋爱的关系。
>
> 瞿秋白杨之华启事:自一九二四年十一月十八日起,我们正式结合恋爱的关系。
>
> 沈剑龙瞿秋白启事:自一九二四年十一月十八日起,我们正式结合朋友的关系。

这三则启事,在27、28、29日三天,重复登出。这桩好聚好散的现代婚姻,成为当时上海舆论哗然、惊世骇俗的新闻。不用说当时,哪怕是现在,又有几个人能够做到这样的坦荡和勇敢。"三个年轻人向世俗的传统观念提出了挑战,而这场具有强烈浪漫主义色彩的婚恋也轰动了上海大

---

① 陈福康、丁言模:《杨之华评传》,第118页。
② 马纯古、章蕴等:《回忆杨之华》,第53—62页。

学和上海的革命派阵营。'爱其所同,敬其所异',堪称人世楷模。"①对于那些苦于包办婚姻之不幸的妇女们,杨之华的故事无疑是一个极大的鼓励。

1924年11月27日,上海《民国日报》第一版刊发了《杨之华沈剑龙启事》
《瞿秋白杨之华启事》《沈剑龙瞿秋白启事》

沈剑龙借花献佛的事迹,在那时"社交与恋爱"的风气之下,反而成了浪漫而又带点酸涩的成人之美。正是他的大度与新思想,才使得杨之华找到了爱情的真正归宿,在瞿秋白的引领与影响下,改变了她的一生。之华与秋白在艰苦的革命环境中互相扶持,两人的爱情历久弥坚。患难见真情,苦难如铸造时的火,造就了"秋之白华"之革命情缘。

三、中共妇运领袖之一

作为中国共产党妇女运动领袖之一的杨之华,在她投身妇女解放运动的初期,有一个人对她的影响可谓是巨大的,这个人就是向警予。

(一)受向警予影响投身运动

在探讨杨之华妇女解放运动的时候,总是绕不开一个人,那就是向警予。"在向警予的培养和指导下,杨之华在一年多里有惊人的'三级跳':入

---

① 张素玲:《革命与限制——中国共产党早期妇女领袖(1921—1927)》,第223页。

党——第一任上海妇联主任——中央妇女部代理主持人。"①无论是在行动还是思想上，她都取得了巨大的进步。

1924年春至1925年10月，杨之华在向警予的指导之下，从事了大量的工作，除了在政治上为妇女发声之外，也积极深入女工内部，领导女工运动。1925年，内外棉八厂的日本领班残忍殴打女童工的事件引起轩然大波，群情激愤，全厂男工集体要求罢工，希望借此契机为女童工发声。在双方针尖对麦芒的时刻，厂方蓄意勾结巡捕以"煽动罢工"这样莫须有的罪名逮捕了六名工人代表。上海大学在上海区委紧急指示下，派人员前去组织罢工委员会，并掌握此次罢工的领导权。学校党支部经商议，派邓中夏、刘华、杨之华等人和全国总工会的李立三一起工作。他们一上任便聚集工人在沪西工友俱乐部开会，"纱厂工会"和工人纠察队就是在此时成立的。工人纠察队的主要任务是要负责维持秩序，把控住路口，防止工人经不住工头的诱惑重返工厂，另外还需要拦截厂方重新到农村雇用的新劳动力进厂工作。在罢工运动前期，报名参加的女工寥寥无几，因此杨之华就召集女工开会，深入浅出地为女工们剖析了厂方开除男工的危害，他们是为了以更低廉的价格雇用女工，是想要从中国工人的身上榨取更多的血汗、更多的价值。并且呼吁女工们和男工们团结起来，明白工人阶级都是兄弟姐妹的道理，鼓励女工担任纠察队队员，鼓励大家团结起来同日本资本家做斗争。在杨之华的动员之下，女工们深刻认识到此次罢工的成败与个人命运息息相关，想要改变现状，唯有团结起来同资本家们斗争到底这一条道路。此后女工纷纷要求加入工会，甚至有些身强力壮的女工还一起组成了十个纠察队，同大家一起团结起来战斗。这次罢工使日本纱厂的损失超过百万日元，面对巨额损失，资本家们认识到了工人们的决心，不得不接受工人们提出的条件，并释放了邓中夏等二十余名被捕同志，"二月罢工"最终胜利落下帷幕。3月1日，杨之华同数千名纱厂工人一起上街游行，庆祝"二月罢工"取得胜利。

---

① 陈福康、丁言模：《杨之华评传》，第73页。

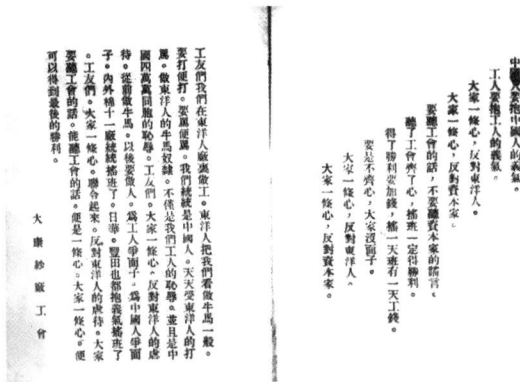

1925年"二月罢工"时,沪东大康纱厂工会传单

　　除了直接领导妇女运动之外,杨之华还协助了向警予成立了上海妇女运动委员会,在向警予的指导之下发表电文和文章支援保定女师的学潮,同鲍罗廷夫妇详细讲述上海妇女运动的情况,在瞿秋白的帮助下第一次代表国民党上海执行部妇女部汇报工作,同时到丝厂去调查研究女工大罢工,这些经历都给杨之华上了"最初一课",为杨之华妇女解放思想的进一步发展打下了实践基础。

　　之后杨之华等人协助向警予创办女工夜校,并积极承担起义务教学工作。杨之华等人积极向女工讲授革命道理和文化知识,将自己头脑中的先进思想传播给女工,培养和发展了一批女工积极分子。之后杨之华参与了震惊中外的五卅运动,多次不顾自身安危走上街头,走入群众当中宣扬反帝爱国思想。此时的她已认识到劳动妇女正逐步成为妇女运动当中一个不可或缺的部分。同时也得益于向警予的悉心培养指导,杨之华在思想和能力等诸多方面都有了质的提升。

　　向警予对杨之华的影响至少表现在政治信仰、工作作风、妇女运动的理论等三个方面,杨之华以前结识的早期共产党员大多都是男性知识分子,向警予的出现让杨之华眼前一亮。这是一位理论与实践紧密结合的女革命家,积极投身于工农革命事业,堪称中国妇女界的典范。正是在向警予的感召下,杨之华加入了中国共产党,选择了红色政治信仰,积极投身于工人解放事业的革命斗争。向警予认为必须深入广大妇女,深入了解妇女的思想状况,才能逐步培养踏实、认真的工作作风。在向警予的指导之下,杨之华坚持与工人群众交朋友,前往工人斗争的第一线。这段与工人一起斗争的峥嵘岁月,让杨之华深深地体会到了"深入基层,面向大众"的重要性,她的妇女革命思想也得到了进一步的升华。

向警予还开拓和发展了杨之华妇女运动的理论,她关于"劳动妇女是中国妇女运动先锋和基础"的理论,以及平民妇女——妇女运动联合战线等思想深刻地影响了杨之华的思想,以后杨之华提出的重要思想和发表的关于妇女解放的文章当中,都或多或少受到了向警予理论思想的影响和渗透。

在向警予的影响下,杨之华不仅投身妇女解放运动,并在运动中初步探索出自身的革命思想。而妇女解放思想的初步形成,也为后来杨之华成为上海女界的领袖人物奠定了基础。

(二)动荡时局崭露头角

到了1925年10月,杨之华接管妇女部,她通过发动和组织妇女罢工运动,编写文章,深入女工群体演讲,阐述妇女解放的相关思想,开始逐渐在上海妇女界崭露头角,成为领袖人物。

在接管妇女部之后,杨之华将组织和启发女工的觉悟视为重中之重,多次鼓励妇女干部深入女工内部,与她们打成一片,因为"工人阶级是最勇敢、最坚强的,只有在工人群众中学习工人阶级的本质,才能锻炼自己的革命性"。[①]正是在这种思想的指引下,仅1926年6月就爆发了四次大罢工,且罢工规模宏大,统共有三万余人参加。在这几次罢工运动期间,杨之华也丝毫不放松,积极走访罢工女工,借与女工唠家常来进行调查和宣传,反复向工人强调是工人养活资本家的道理,让工人们在思想上明确要懂得为自己的利益同资本家做斗争。在上海各界妇女联合会召开的会

---

① 马纯古、章蕴等:《回忆杨之华》,第54页。

议上，杨之华积极阐述自己的观点，提出了援助闸北丝厂女工罢工这一想法，并将想法付诸实践，在行动上联合上海女青年会、妇女节制会、总工会等，请求它们予以援助，在舆论上发表宣言，旨在唤醒全国妇女，让更多数的妇女加入声援罢工行动。

此外，上海工人的三次武装起义杨之华都有参与，特别是在第三次武装起义的过程中，她不仅仅是参与者，还是组织者，组织了上海女工的罢工斗争。群众大会中有她的踪迹，街道上有她派发传单的身影，她与工人同欢喜共悲伤。之华的女儿回忆道："工人群众同中外资本家进行的斗争日趋激烈，每天都有罢工发生。陈独秀害怕工人的斗争吓坏大资产阶级，给他们造成退出联合战线的借口，便下令禁止罢工，并要妈妈他们去阻止罢工。"①面对陈独秀的建议，杨之华十分矛盾，再三考虑后决定如实反映工人的要求和情绪，表达自己认为此举不妥的看法。是啊！无论面对的是谁，杨之华都坚定地站在工人的角度为工人考虑，坚持开展工人运动。

杨之华在一次次的运动中成长，这几次的运动经验深化了她的思想，锻炼了她的能力，也更让她看到了妇女这个集体蕴涵的巨大力量，而这股力量则需要有人激发。因此她积极深入上海大学，号召女学生们深入女工内部，做好带头作用，为妇女运动培养出了一批中坚力量。在运动期间杨之华也未松懈写作，坚持阐述关于妇女解放的思想，起草有关妇女运动的报告和决议。

和向警予一样，杨之华首先着手的事情是创办刊物进行妇女运动的宣传。之前的《妇女周刊》由于向警予的离开，报道的内容逐渐变了味。于是杨之华开始着手创办《中国妇女》，作为宣传妇女解放理论的主阵地。与向警予不同的是，杨之华将工作重点落在女工身上：在行动上深入开展女工调查工作，了解女工悲惨生活；在思想上明确认识到普通女工身上的强大革命力量。而《中国妇女》不仅是杨之华及时巩固妇女组织间联系的媒介，更是妇女解放运动的舆论战壕，为妇女解放运动的开展提供理论和

---

① 马纯古、章蕴等：《回忆杨之华》，第155页。

方法支撑。此后的两年多时间里,杨之华在理论方面建树颇丰,在《中国妇女》和《赤女》等诸多杂志上发表了近十篇文章,这些文章的问世,也标志着杨之华的妇女解放思想体系的完善。在向警予有关妇女运动与国民革命相结合议题的影响之下,杨之华还提出了妇女运动必须同国民革命运动结合在一起的论断。

在三八妇女节来临之际,杨之华借《中国妇女》这个平台,号召全国妇女联合起来,开展妇女解放的宣传活动。此外杨之华还发表了《三八与中国妇女》一文,希望以节日的契机号召全世界被压迫妇女团结起来,通过斗争实现真正的男女平等。之后的《中国妇女运动之过去与现在及其将来》一文,总结和回顾了中国妇女运动的历程,提出妇女运动仅仅依靠妇女是难以取得成功的,这并非只是女性之一单独群体的运动,还必须要团结其他被压迫民众的力量,才能够取得运动的胜利。在紧张的革命斗争活动中,杨之华还抽空撰写了《妇女运动概论》,对从辛亥革命开始的中国妇女运动的经验进行了详细总结,为此后妇女运动的发展指明了方向,为中国妇女解放运动打下了思想上的坚实基础。

杨之华在妇女解放革命运动中积累经验、深化思想、完善理论,这些理论和思想也影响着杨之华的行动,她的一生都在为妇女解放事业而奋斗。

人生最困难的事情并非选择一条道路,而是在黑暗的岁月中依旧坚守初心,沿着所选的道路一直走下去。杨之华在向警予的带领下积极投身妇女解放运动,在妇女解放运动史上增添了独特的一笔,但是更加弥足珍贵的是她在逆境中的坚守。

(三)黑暗岁月坚守初心

1928年,瞿秋白与之华一起前往莫斯科,他们在莫斯科度过了一段相守相知的美好时光。但两年的紧张工作换来的却是王明一伙的诬陷和攻击,瞿秋白、邓中夏、余飞等人皆受到了不公正的处理,他们被解除了驻共产国际代表的职务。即便如此,两人依旧对革命前途充满信心,"1930

年8月,杨之华与瞿秋白一起回到了祖国。他们把独伊一个人留在了苏联。因为他们知道,等待着他们的是艰苦的斗争,在白色恐怖的环境中,随时有被捕和牺牲的可能。"①可是回到国内,他们面对的是更大的打击,王明刻意打压他们,只给他每月十六七元的生活费,这在当时的上海只相当于工人的最低工资。瞿秋白下台,杨之华也受到了牵连,她被撤销了中央妇委负责人的职务。

1929年,瞿秋白、杨之华和独伊在莫斯科

　　这是对他们爱情的又一次考验,之华是如此热爱她的革命事业,而在受牵连后无法继续工作。其他女同志在面对巨大的压力与苦闷时,大多选择了退缩,甚至与丈夫分居、离婚。可之华却在那时感到自己从未像当时那样爱秋白,她原本倾心于秋白的才华与风度,而在一贫如洗一无所有时,秋白对待苦难的冷静与镇定自若,依旧记挂革命前途的心,都让之华更加被他所吸引。

　　在上海的三年时间,之华做出了巨大牺牲。她这样做,不是为哪个人,而是为了党的事业,为了坚信的真理。他们同甘共苦、相濡以沫,两人在简陋的亭子间里相互扶持,相互鼓励,带着病,秋白每天仍工作十六小时以上。他告诉之华,革命工作多得很,要多读书,学习俄文,写短篇小说,翻译苏联文学作品……如果将秋白比作家庭中的灵魂支柱,那么之华就如冬日里的暖阳、寒夜中的融融烛光,照亮了简陋的亭子间,温暖了秋

———————

　　① 赵金平:《杨之华的故事》,河北少年儿童出版社,1991年,第78页。

白的饱受磋磨的心。因此秋白对她的辛劳与付出，对她所倾注的热烈情感无限感激，也对生活困局深怀歉意。

正因为如此，秋白牺牲带给之华的，是世界末日般的绝望，是内心深处反复刺痛的伤，直至化作横亘心间的追忆与感怀。在秋白离去的光阴里，之华仍旧遵从党的安排，仿佛一切如昨。但在片刻的闲暇或是夜阑人静的时刻，悲痛如潮水般向她涌来，周遭处处都是他。想起《秋之白华》影片开头的杨之华的独白："选择了一条道路，就是选择了一种人生，遇见他，却是我没有想到的。"

在革命的道路上，终归会有流血牺牲，在杨之华前行的道路上，她的革命伴侣瞿秋白最终没有陪伴她走到尽头。组织为了让杨之华换个环境同时也为了让她治病，派她前往苏联出席共产国际七大。到达莫斯科之后，之华再次受到王明、康生等人的无故打压，在贫病交加的情况下，度过了近两年的光阴。苏德战争爆发后不久，为保证人身安全，党组织紧急通知在莫斯科的同志回国，杨之华也在其中，但不幸的是当他们抵达新疆之时，恰逢国内国民党掀起反共高潮，通往延安的道路无法通行，无奈之下只得滞留新疆。

1942年，住在乌鲁木齐各处的共产党人连同家属、小孩统统被押上汽车，拉往八户梁软禁，杨之华也由此开始了漫无归期的监禁生活。在女牢中，杨之华常常利用在白区工作的经验，为狱中的同志们出谋划策，鼓励大家团结一心与敌人斗争。杨之华利用监狱对孩子们管制比较放松的条件，让孩子们充当男女监之间的联络员，将纸条塞在尿布、袜子、衣服当中进行传递。当然敌人也未放弃搞小动作，甚至妄图用叛徒来动摇杨之华的意志，派姓黄的叛徒和他的妻子到杨之华的养病室进行劝说，无奈杨之华意志异常坚定，非但没有动摇，还巧妙地化不利为有利，利用养病室的特殊条件了解外部状况，在男女监之间建立了传递消息的渠道。敌人眼瞅阴谋落空，便立即将发着高烧的杨之华押回了女牢。

在长达四年的监狱生活中，即使面对重重考验，杨之华依旧时刻保持革命乐观主义精神，哪怕是身体的不适也没有将她击垮。肺病严重无法外出医治,那就自创"空气浴"并每天坚持;患淋巴结核没有麻药,那就咬紧牙关靠意志坚持。就是在这样艰苦的条件之下,在这样连生命安全都无法确保的情况下,杨之华仍然坚持学习马克思列宁主义和毛泽东的著作,并且用大量时间精力翻译《俄文大字典》中的有关文法的部分,供同志们学习,积极传播马列主义思想。

1973年10月20日,杨之华离开人世。杨之华的一生是革命的一生,是同敌人顽强奋斗的一生。不管是在领导女工运动的革命斗争当中,在宣传妇女解放运动思想的活动中,在莫斯科、新疆、延安的峥嵘岁月中,还是参与新中国工会女工工作当中,她都坚守自己的妇女革命思想,为中国的妇女解放事业奉献一生。向警予慷慨就义之后,杨之华深受感召,她立志要将"老祖母"向警予的妇女解放事业传承下去。当瞿秋白牺牲之后,母亲曾来劝说杨之华回家,但是杨之华坚持当初的誓言,要将妇女解放事业坚持下去。当二十世纪四十年代杨之华被关在新疆监狱里审讯的时候,她依旧坚持"一个人为革命真理而死而无怨!"①回首杨之华的一生,会发现她的一生坎坷,遭受了巨大的痛苦和折磨,但是她始终未曾屈服,没有动摇,一直坚守初心,始终为人民服务,为人民着想!

---

① 《新疆冤狱始末》编写组:《新疆冤狱始末》,中国青年出版社,1990年,第297页。

第七章　走入歧途的东乡自治

　　沈定一是衙前农民运动的主要组织者和领导者,也是孙中山有关农村问题思想的忠实继承者和执行者。国共合作后,沈定一思想发生巨大转变,彻底转向国民党。1925年5月被中共中央开除出党的沈定一,[①]在该年7月5日举行的国民党临时浙江省执行委员会全体会议(即"衙前会议")上,与曾经共同发起翻译《共产党宣言》全译本的戴季陶一起,公然宣称"戴季陶主义",排挤共产党人和国民党左派,破坏浙江国共合作。1926年,在广州召开的国民党第二次全国代表大会上,宣中华代表浙江省作了党务报告,对沈定一进行了彻底的揭露和批判。是次会议上,沈定一被勒令"停止主持浙江省党部工作,否则除名"。[②]1927年蒋介石发动四一二反革命政变后,沈定一主持萧山清党活动,破坏萧山党组织。后因国民党内派系斗争失意,于1927年12月返回衙前,宣称"今后当以党员资格,深入民众为三民主义植坚深不拔之基",推行以衙前为中心的东乡自治。

一、源自孙中山的农村自治思想

　　乡村自治思想是孙中山先生理想的一个体现。沈定一是孙中山先生的忠实信徒,地方自治,一方面是根据孙中山先生地方自治的一切主张;一方面是用自己的智慧经验,使三民主义自乡村建设起,扩充到改造社会与国家。

---

　　① 中共杭州市委党史研究室:《中国共产党杭州历史第一卷(1921—1949)》,中共党史出版社,2012年,第114页。

　　② 中共杭州市委党史研究室:《中国共产党杭州历史第一卷(1921—1949)》,第117页。

孙中山认为农民占着革命的绝大多数,正是因为农民的加入,革命队伍才能壮大,脱离农民是行不通的。1924年8月21日,孙中山出席广州农民运动讲习所首届学员毕业典礼,他说:"农民是我们中国人民之中的最大多数,如果农民不参加革命,就是我们革命没有基础。国民党这次改组,要加入农民运动,就是要用农民来做基础。"① 中国的社会一向把人分成"士农工商"这四种人,在这四种人里面,农民可以说是最辛苦、最劳累的群体,但是与此同时的,农民也是获得既得利益最少的群体,但是农民占有总数的比重之大,让他们不得不承担起最沉重的任务——生产粮食。但是农民把这些都视为正常的、应该的,是他们自己的分内之事。他们一代又一代都继承着这种思想,子子孙孙,世世代代。

《中国国民党党纲》提到:"民权主义:谋直接民权之实现与完成男女平等之全民政治,人们有左列各权:(一)选举权;(二)创制权;(三)复决权;(四)罢免权。"② 孙中山希望可以通过赋予全民这四种权利的方式,让身处底层的农民也能够和上层人民一样,意识到自己是拥有作为国民的基本权利,并且是能够行使权利的。但是中国农民有着思想僵化、民智未开等问题,这是一个普遍存在的现实,大部分的农民的脑海中没有管理公共事务的参与感与使命感,所以孙中山把国家权力分成"民权"与"治权",也就是"权能分立"的学说。他认为,如果要让人民可以真正地行使自己的权利,一个强大的、有能力的政府是最需要的,"国民是主人,就是有权的人,政府是专门家,就是有能的人"。③ 孙中山先生的"权能分立",让权力各自分开独立,通过这样的管理,才能实现把民权落到农民实践里去的目标。孙中山还强调,"主权在民,官吏不过为公仆之效能者",④ 所有的政府官员乃至于最高位的总统,他们都不过是为人民服务的公仆罢了。

---

① 桑兵主编:《孙中山史事编年》第十卷,中华书局,2017年,第5623页。

② 《孙中山全集》第七卷,中华书局,1986年,第5页。

③ 《孙中山全集》第九卷,第331页。

④ 《孙中山全集》第十一卷,第536页。

　　孙中山重视农村自治的作用,看到了农村自治的巨大潜力。近代社会秩序混乱,统治者对底层人民的剥削严酷,人民对安定生存的诉求越来越大。因此孙中山提出的青苗法、保甲法等,都具有自治的潜能雏形,而乡约、公所也就像是自治的机关,所以自治是有基础的,只要可以根据形势慢慢引导,那么农村自治的实行就可以变得简单并推广开来。在孙中山心里,一个县里的农村是实行地方自治最好的最小单位,这样地方自治才可以循序渐进,由小地方逐渐扩展到大地方,最终形成大一片区域,"如不得一县,则联合数乡村,而附有纵横二三十里之田野者,亦可为一试办区域。"①孙中山还认为,所有居住在自治地域中的人,包括原住民和临时居住的居民,"悉以现居是地者为准,一律造册列入自治之团体,悉尽义务,同享权利。"②

　　沈定一与孙中山先生过从甚密。1925年3月12日,孙中山在北京逝世,沈定一发表了追悼孙中山革命精神的言论。4月18日,沈定一在萧山民众大会追悼孙中山大会上发表了著名的演说,他在演说中指出:"我们的孙中山先生死了! ……何以对于孙中山先生的一死,震悼到如此? 因为孙先生这一个人,为我们民族国家奋斗积劳而死,是我们民族的孙先生,是我们国家的孙先生;是我们的,所以在肺腑中所包含的真正情感,不觉的就流露出来。哭孙先生的泪,真是中国民众的泪。……'中华民国是什么人倡始的?'大众都晓得是孙中山先生倡始的,所以国民呼孙中山先生为'国父'。最努力爱护中国民族的是谁? 大众都知道是孙中山先生,所以称孙先生为'中国的妈妈'。领袖一般优秀的国民,指导一般国民的是谁? 大众都认识孙中山先生是唯一的导师,所以国内外同胞,无人不称他为'先生'。一身兼父、母、师的孙中山先生,如今去世了! ……这三民主义,便是孙先生劳瘁一生的结晶,也就是孙先生传给我们中国民族一宗莫大的遗产。"③5月2日,沈定一在沪江大学又发表了纪念孙中山的演

---

①《孙中山全集》第五卷,第220页。
②同上。
③沈定一:《在萧山民众大会追悼孙中山大会上的演说词》,《萧山月刊》1924年第2号。

讲，他在名为"革命与人生"的讲话中指出："刚才诸君听了中山先生的遗音，当然有一点感想。……我们大多数人在孙先生生时，看他不过是一个很平常的人，自从他为我们奋斗而死了之后，大家才觉得在这四万万人中寻不出第二个这样的人来。所以我们听了他的遗音，不能不大为感动。不过我们不要空空地感动，最要紧的，还是继续他的事业。……诸位！孙先生把这个责任放在我们背上，我们怎样的去继续进行？我们现在所急切需要的是实行三民主义。"[①]从沈定一为了纪念孙中山逝世发表的演说词来看，这一时期的他认为孙中山所领导的国民党是唯一能挽救中华民族危亡的政党，而且继承孙中山的遗志践行三民主义是根本出路。因此他根据孙中山先生提倡的乡村自治为标榜，进行了一系列乡村自治的活动，而东乡自治运动是在衙前运动之后重新开展的乡村自治。

沈定一于1927年开展乡村自治运动。1928年2月，沈定一在《衙前村试办乡村自治筹备会成立宣言》中分析当时的形势："这些习惯的迷雾，被革命的春雷震开，革命的春雷，不容许民众再蛰伏于'理乱不知，黜陟不闻'的地位，于是中国国民党总理孙中山先生的训政计划和地方自治实行法，才由国民党党员努力之中放出曙光来，民众间从古潜伏的政治思想籽种，才渐渐地发抒，笑迷迷地要长出萌芽来了。""我们任何一省一县一个有施行自治能力的乡村，都应该深信不疑地能够如中山先生所批示的实现。"[②]"自今日始，凡我同志，必须重新整顿全神，遵循总理的遗教，对自己的短处，痛下针砭。"[③]

1929年4月30日创刊的《萧山东乡自治月刊》创刊词说："试办衙前村自治，是遵照中山先生的遗教产生，在县党部核准之后举行，在区分部指导之下实施。我们的区域，东自汇头张西至凌家港横互十八里，北自海

---

① 沈定一：《革命与人生》，《民国日报》副刊《觉悟》1925年5月8日。

② 沈定一：《衙前村试办乡村自治筹备会成立宣言》，《萧山东乡自治月刊》（创刊号），1929年4月30日，转引自陶水木编：《沈定一集》（下），国家图书馆出版社，2010年，第729—730页。

③ 沈定一：《元旦告同志书》，《浙江省党部周刊》第2卷第6期，1928年1月1日，转引自陶水木编：《沈定一集》（下），第728页。

塘小河南至西小江直长八里,方约一百四十里,人口一万余,农业生产劳动者二千余,学龄儿童一千余,除农产外,目前没有别的生产事业,环顾四周各乡村,社会情形,经济能力,大致相同,但是他们的盖藏,都比本村丰富。本村试办自治,不单是使一般民众得到实际的团结机会,并且要在自治的设施上救济我们的穷困,振拔我们的愚鲁。"①

除了秉承孙中山的思想,沈定一还认为,要在自治组织的基础上,赋予农民权利,对社会进行一个重建,尤其是当时的中国刚结束军阀混战,民不聊生。农民占人口的百分之八十,团结这股力量,联合农民,产生的合力是强大的。沈定一在1928年东乡协会成立大会上演讲时说:"建立自治组织意在使本党大众化,或者更确切而言,是为了改变群众的观念。""自治的目的就是要团结各阶级,消灭阶级斗争,以在政治上、经济上建立人与人的亲密合作关系。这样他们就可以共同解决内部事务,至或树立社会章程。"②

因此沈定一明确提出:"这任务,就是在激战奋斗的经过中为了几十万民众,开辟条活路出来。各同志都应该负起责任,把东乡几十万民众,抱在我们怀里,把东乡一块荒僻沙地,造成它沃壤乐土。"③

二、萧山东乡自治尝试

由于萧山东乡的经济状况窘迫,农民生活困难,粮食短缺,零碎化的农业经济使得农村经济式微,东乡自治成为一种迫切需求,以挽救萧山东乡的经济发展。此外由于国民党的党内斗争导致沈定一在政治上无施展之地,转而回到萧山进行自治,希望通过该方式施展自己的政治抱负,所以沈定一辞去国民党内的职务,将目光转移到农村和农民身上,立足于农民,才能够看到国家发展的前景,实现国家重建,构建平等社会。较为重

①《萧山东乡自治月刊》(创刊号),1929年4月30日。
② 孔雪雄:《东乡自治始末》,《中国今日之农村运动》,中山文化教育馆,1934年,第339—340页。
③ 徐兴木总编:《衙前镇志》,方志出版社,2003年,第256页。

要的一点是萧山东乡有进行自治的基础,由于衡前农民运动的开展,衡前农民协会带动农民开展减租减息运动,在这一过程中,农民的组织性和积极性不断增强,农民之间有着较好的合作基础。

实行地方自治,调动民众的积极性是一项重要的任务,民众的力量大小能够在一定程度上决定该自治运动能否获得成功,若是农民能够主动并积极配合东乡自治运动,不仅有利于领导者的组织活动,同时在改善东乡经济状况上也能够起到一定的作用。为了践行萧山东乡自治的想法,沈定一在衡前农民运动之后重新发起衡前农民协会,开展减租运动。而且沈定一辞职回乡之后,受到了农民的欢迎,在开展减租运动的过程中,沈定一实际上已经成为萧山东乡农民的领袖,乡村自治运动已经有了一定的民众基础。另外由于沈定一被任命为浙江省临时党部特派员,并且他的一批政治支持者也进入了浙江省临时党部,因此沈定一在浙江省临时党部的权力和地位是较为突出的。并且1927年,沈定一与其妻子王华芬在国民党萧山县党部担任主要职务,由此一来,沈定一要在东乡开展自治运动的计划,最开始得到了省党部和萧山县党部的支持。这对于沈定一开展乡村自治运动是一个重要的推动力,至少在党组织的政策方面没有受到阻碍,可以说刚开始进行东乡自治运动的势头是乐观的。

1927年,国内的政治形势日益复杂,沈定一逐渐被国民党右派势力排挤出政治中心舞台。于是沈定一不得不回到了当初那个熟悉的萧山县,并且在1927年10月到1928年2月,为萧山县第二区以及第六区的党部建立了党务培训讲习班,培养倾向于他的国民党员。不但如此,沈定一还在其中亲自任教,传播乡村自治的思想理论。这个讲习班在当地总共开办了三期,校长由王华芬担任,为乡村自治培养了将近两百名青年骨干,在后期,这些青年骨干也积极参与了沈定一进行的乡村自治实验。

东乡自治会由东乡教育分会、东乡区公款公产委员会、东乡水利局、南沙育婴堂委员会、东乡医院等组成。它的权力机关是乡民大会、各乡代表大会、全体委员会、执行委员会。委员的产生是由各民众团体选出代表九人——乡民三人,工人二人,商人二人,妇女一人,青年及儿童一人——

为全体委员。再由全体委员中互选出常务委员三人,主持会内一切日常事务。

乡自治会的职责权利有十一项:第一,组织村自治会。第二,指挥村自治会工作。第三,整顿全乡的水利交通事宜。第四,发展全乡农业生产以及工业商业的发展。第五,发展全乡民众的生产境遇。第六,组织全村经济合作。第七,组织以及训练监察全乡的治安、卫生、警备。第八,管理及整理全乡的粮食。第九,发展全乡的教育事宜。第十,发展全乡的粮食。第十一,指挥及归纳各村的调查统计。乡自治会的经费,以本乡村民的可能者为负担。

乡自治会的组织情形同样分为五个人群:农民占百分之四十到五十,工人占百分之二十五到三十,商人占百分之二十五到二十,妇女占百分之八到十三,青年及儿童占百分之二。一切的实际工作,都是村自治会执行,乡自治会不过是统御工作而已。此外如呈准省政府、建设厅、财政厅发行地方公债数十万,与筑钱塘江挑水坝工程,创办蚕丝合作社,都是临时的特殊事项,另当别论。

在沈定一的组织与领导下,东乡的农民自治运动取得了一系列可观的成果。当地的农业得到改良,农村环境也有所改善(修筑了道路、疏通了河道),包括教育事业在内的各项社会事业也得到了较大的发展……随着自治运动的蓬勃发展,附近地区的村民也纷纷要求加入这场运动的行列,这也促使运动的规模以及影响得到进一步扩大。如火如荼的农民自治运动迅速引起了国民党省党部的关注与恐慌。而东乡自治运动的一系列行动与中心思想又严重与国民党省党部所采取的限制进而剥夺群众组织权力的主张与措施相违背,因而萧山当地的县党部决定遵从上级的指示,开始采取相应的措施打击农民自治运动,尤其是那些特别难以管控的农民协会领导下的活动。

1928年2月初,省党部改组委员会在国民党中央的派遣下配合萧山当地的县党部一起处理农民自治运动。省党部改组委员会首先解散了由沈定一一派(主要是其支持者)所控制的省党部执行委员会,同时在4月中旬将沈定一的相关势力逐一清除出省党部,以陈果夫、陈立夫等控制的"中央俱乐部"(国民党中央组织部党务调查科)取而代之,组成了一个全新的省党部。而在同年的5月下旬,新组成的省党部又将自己的支持者派遣到萧山县党部,由他们取代了原来的领导机构,进一步扩张自己的势力。

至此,沈定一已经完全失去了其原有的叱咤风云的政治地位与影响力。同时在他领导下的东乡自治运动也遭到了毁灭性的政治打击。

1928年8月28日下午,沈定一在从莫干山回衢前汽车站的途中,遭到刺杀,最后不幸身亡。沈定一死后,东乡自治的相关工作转由当地的士绅盛练心继续组织与领导,同时又得到了省政府"允许试办一年"的批准。次年的1月份,以衢前为中心的"东乡协会"正式宣告成立。协会还颁发了诸如《东乡自治会章程》《1929年自治会工作实施大纲》《东乡自治会组织法》等一系列的文件,又改设了相关组织机构。一直到1929年底,东乡自治运动在国民党当局的勒令停办下正式结束。

三、东乡自治是非得失

沈定一领导的东乡自治在其被刺杀后以及国民党政府的勒令停办下逐渐没落。有学者认为,这一自治运动是乌托邦式的,是注定成不了气候的,是终将失败的乡村自治运动。不过从另一方面看,东乡自治实践在加强农民的主体地位,加强乡村社会管理,促进地方经济、教育事业发展等领域都具有非常重要的现实意义。

由于沈定一一生的复杂和他的地位身份,社会对沈定一的评价存在很大分歧和争议。沈定一的贯彻自治思想的一系列活动是继承了孙中山先生的地方自治思想而进行的,尤其是东乡自治,是活动中的典型。沈定一是孙中山忠诚的信徒,东乡自治也是贯彻孙中山先生遗教的产物。他根据孙中山先生的计划与方法进行实践,集合了各种民众团体,他们可以是不同职业,可以是不同身份,也可以是不同地位,共同为地方自治而努力,这是当时的一部分人为了拯救中华民族,寻找出路的探索之旅,是三民主义救国探索的体现。萧山东乡自治就是典型。

东乡自治逐渐拥有了名气,也吸引了一些人前往东乡进行考察活动,大多数人都给予了东乡自治正面的评价。1928 年 7 月 2 日,《申报》上一篇报道说:1928 年 6 月下旬,有一批政府官员在路过东乡的时候,顺路参观了自治村、农民协会总部,并且还考察了蚕丝方面的成就。"《民国日报》1928 年 8 月 19 日在报道东乡自治时将沈定一称作'群众的代言人'。有的参观者把东乡自治实验比做'盆景式的地方自治实验',以极言其成效。"①

学术界关于沈定一进行的东乡自治活动和他所推崇的乡村自治思想研究甚少,美国汉学家萧邦奇在他的著作《血路:革命中国中的沈定一(玄庐)传奇》中,对沈定一的思想与思想实践做了一个比较全面和客观的评价。萧邦奇认为,沈定一计划发动农民,并加强对地方党部党务工作的培训,从而开展其他地方自治的实验。但是这种实验的实质,既不同于南京方面,也不同于中国共产党方面,这是一条介于这两方之间的中间道路,并不受当时主流认可,是国民党内部反对派的一种做法,因而其乡村自治实验一直未能得到杭州或南京方面的批准,尽管部分措施获得了地方当局的某种认可。沈定一最初实验范围仅限于衙前村自治区,后来范围逐步扩大,实现自治计划的重要步骤是户口普查与土地调查,同时建立大量的社会机构、办公机构、合作社等。自治改革的具体措施包括教育改革、蚕丝业改革、合作社的建立与普及,这些改革措施确有一定成效。但是问题也十分明显,物资的匮乏、中央与地方党部的掣肘,沈定一个人网络对浙江省权力的丧失等,都注定了这场实验失败的结局。

与此同时,沈定一所领导的东乡自治,属于以非革命手段解决矛盾的改良主义。减少地主对农民的压迫剥削,是建立在不改变农村原本的经

① [美]萧邦奇:《血路:革命中国中的沈定一(玄庐)传奇》,周武彪译,江苏人民出版社,2010年,第249页。

济基础、生产关系之上,想要复兴农村经济,这种方法与沈定一前期的思想相矛盾了,同时这也和中国共产党提出的土地革命的方针路线不相符。因此历史证明,即使沈定一的东乡自治运动取得过一定的成效,并造成了一定范围内的轰动,但是注定只能是昙花一现,最终要走上失败的道路。

在沈定一死后,他所领导的东乡自治运动受到了严重的打击,被国民党当局勒令停止活动。虽然东乡自治运动从结果上来说,最终没有获得持久的胜利,但是在事实上,它的一些实践措施的的确确在一定程度上促进了地方的经济社会发展。

在沈定一的组织与领导下,东乡自治取得了一定的可观的成绩,包括教育、民生、经济、社会管理与服务等领域在内的各项事业都得到了蓬勃的发展。在教育上,重视、鼓励兴办农村基础教育,提倡广泛开展社会教育,提高人民素质水平;在民生上,重视水利设施建设和海堤、海坝的建设,保护人民生命财产安全,改善了农村的生活环境;在经济上,改良了农业,鼓励农民积极合作,形成各种合作社,发展丝绸业等工商业,增加农民收入,提高人民生活水平;在社会服务与管理上,鼓励民众建立自治协会,实行乡村自治,加强社会管理与服务……这些以民生为目的的实践措施取得了显著的成效,鼓舞了民众参与社会改良的乡村建设的积极性与主动性。

第八章　沈定一之死

　　从沈定一整个政治生涯来看,其作为一名政治家,思想信仰和政治倾向并不坚定,一直都处于一个摇摆不定的阶段,由最初的共产党员向中国国民党靠拢,后来又进一步变成右倾人物,这种倾向的改变,和其出身于封建地主家庭,接受的是传统的封建教育是分不开的。其政治倾向的变化,是一种对于政治思想的随波逐流。

一、被刺前夜

　　沈定一虽然领导了衙前农民运动,但是他也没有接触封建土地制度,更没有触及封建地主阶级的统治,本质上依然认为以改良运动为主。但是不论之后的政治倾向如何,在1921年时,沈定一作为中共党员在党内有着很大的影响力。1921年4月他回到衙前,组织发动农民,之后组织了多场农民运动,为农民和广大劳动者争取到了大量权益。到了1923年,他在《从改善运动到革命运动》一文中,提出了资产阶级当会利用目前对其有利的资本主义制度来所谓地改善工人们的待遇,从而拉拢劳工,分化劳工,"在利害不同的两大阶级之间,断没有不经局部或明或暗的冲突而能够施行总攻击的。全部建设的计划,必在树立旗帜之先决定,大本营底成立,特就是集合同一方向的局部战斗员从事实上团结成的。"[①]1923年,他参加苏联考察团,在考察结束以后,发出了苏联是"巴黎公社播下的种子所盛开的第一朵鲜花"的慨叹。

---

　　① 沈定一:《从改善运动到革命运动》,《责任》1923年第10期。

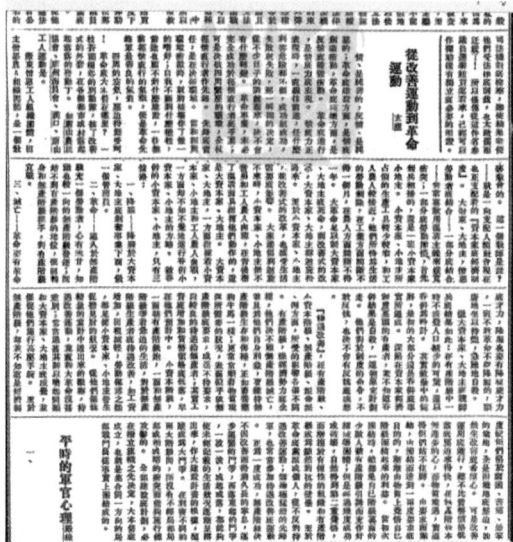

沈定一在1923年第10期《责任》上刊发表的《从改善运动到革命运动》

在这段时间,沈定一依然将共产主义事业作为中国的一条明路,认为只有发动无产阶级,团结无产阶级,才能够让中国真正地重新富强起来。但是到了1924年,他在国民党内受到了孙中山的关注,将自己的身心都投入了发展国民党组织和宣传组织国民革命运动,他的政治倾向也开始发生了变化。在1924年8月的《三民主义问答》中,他将三民主义誉为"一般国民同乘到乐利世界的公车",号召苦于国际帝国主义压迫、国内政治压迫、紧急状况压迫的人民联合起来拥护中国国民党。①

而到了1924年10月28日的《民国日报》中,他在自己撰写的文章《革命工作范围扩大了》里更明确表示:"我们要造成'三民主义的群众党',使三民主义涵盖了中国,十四号我们党纲上的建设计划,断不待他们的允许,是在我们自己的努力!"②

① 沈定一:《三民主义问答》,《浙江周刊》1924年第9期。
② 沈定一:《革命工作范围扩大了》,《民国日报》1924年10月28日。

沈定一（玄庐）在1924年10月28日的《民国日报》上发表的《革命工作范围扩大了》

到这里我们已经不难看出,沈定一的思想认识已经转移到了三民主义上。他认为在中国当时的情况来看,仅仅只是团结"世界的第四阶级",也就是无产阶级,是没有办法在中国完成革命事业的,因为它仅仅只是代表无产阶级的利益,而奉行"三民主义"的中国国民党才是代表中华民族的利益,同时可以扩张到代表世界一切被压迫民族的利益。①

随着沈定一的思想转变,他逐渐由原来的左派人士向右派人士靠拢。在1925年1月的中国共产党第四次全国代表大会中,作为二十名正式代表之一的沈定一在会上公开反对中国共产党的国共合作路线,同时想要放弃中共在民主革命中的领导地位。

在孙中山去世以后,沈定一更是将三民主义和孙文主义等同,赋予了三民主义个人英雄主义的特征。1925年7月5日至7日,已背叛中共宗旨而被开除出党的沈定一,与国民党内的新右派戴季陶密谋,召开所谓的"国民党临时浙江省执行委员会全体会议"。因会议是在萧山衙前沈家召开的,所以历史上往往称这一会议为"衙前会议"。

---

① 玄庐:《三民主义问答》,《浙江周刊》1924年第9期。

　　会议第三天,沈定一拿出了他事先拟定的两个会议文件,将《国民党临时浙江省执行委员会全体会议宣言》和《宣传工会上对于阶级斗争中应取的态度的决议》交给代表讨论。《国民党临时浙江省执行委员会全体会议宣言》中,竟训令全体国民党员要以"民生以历史中心",把三民主义片面地归纳为民生主义一点,抹杀了孙中山亲自制定的三民主义以反帝反封建这个主题,认为只要坚持民生主义就能使劳动者脱离穷困的生活状态。会上,他还指令国民党要以戴季陶提出的"民生哲学"为指导思想,"不复更有其他信仰以自闭自惑"。而所谓的《宣传工会上对于阶级斗争中应取的态度的决议》,无非就是重弹戴季陶在国民党一届三中全会上提出的要以"三民主义为最高原则"的滥调,认为国民党员"只可完全继承其理论而不得另造舆论","以确立中国国民党正统思想……以统一之中国国民党统一中国。"《宣传工会上对于阶级斗争中应取的态度的决议》还提出:"要对资本家与地主,诱发起仁爱的性能,使之接受三民主义。""国民党员要促进地主、资本家的觉悟,完成三民主义的革命工作。"在《宣传工会上对于阶级斗争中应取的态度的决议》中,沈定一还别出心裁地外添了一个《鲜明色彩之决议案》,说:"色彩为团体之标帜,亦即主义之象征,吾党之旗帜为青天白日,斯吾党之色彩为青白之色彩,实为青白二色,必造成全国之青白化,而后吾党之主义乃能引入国民之心脑……色彩既彰,趋向斯定,建国主义,此其要也。"还说"此义不特浙江一省应如此,在全国各地皆应如此"。为了使与会人员加深对他的《鲜明色彩之决议案》印象,沈定一还特意将全场的布置全部改成青白色。在大门上挂着青底白字的"天下为公"的匾额,横幅、会标一律青底白字,就连原来刻在柱上的楹联也被粉饰为青白色,其用意无非就是要以色彩来显示纯粹的国民党正统思想,要求大家做一个纯粹的国民党员。

　　所有这些宣言、决议,一言以蔽之就是要排斥共产党人,就是反对孙中山的国共合作,取消阶级斗争。很显然,沈定一的这些言行是完全违背了国民党一大通过的联俄、联共、扶助农工的三大政策的,更违背了他原先参加中共创建时提倡的阶级斗争、劳工专政的革命思想。

对于沈定一的思想转变，蔡和森在向共产国际汇报的一篇题为《中国共产党史的发展（纲要）》的文章中说："定一比汉俊煽动能力高，而他与季陶关系很深，但他与汉俊的消极是一样的，因为在党内没有占着地位，所以也不满意独秀。但他的生活非常奢侈，后来他到浙江做议员。最初他做过农民运动，而到做议员时，他就联合了一派议员，所以渐渐变成了浙江省宪派。因此他影响一般的群众，所以在政治上势力日高，渐渐的就表示脱离党，不久就请求脱出党，理由如下，第一说党内有拆白党；第二说党不注意农民运动，同时反对青年团改组，反对集中制，因此他另组织青年团，势力比我们要大，并且他另出一种刊物。到第三次代表大会派人请他，结果他不到。而后来孙中山派蒋介石到俄，这时他同蒋介石一起来俄到莫，以后才稍稍变更，承认不出党。民党改组时，我党派他作民党中央执行委员的候补委员及浙江省党部的预备员。后来中央减少了他的预算案及与同志及生活而引起他对中央不满。到第四次大会时，他发表意见：第一，主张民党独立，不应共产党指导，尤其反对党、团在民党中组织；第二，反对共产党加入国民党；第三，共产党的组织在各地不要太发展了。他为什么主张民党独立呢？这就是社会的背景使他只主张做民族革命，否定无产阶级领导革命的力量，同时又反对阶级斗争，完全是受戴季陶的影响，所以在第四次大会又渐渐消沉下去，而到第二次国民党扩大会议时，1925年5月戴季陶提出最高的原则，他说民党唯一原则就是三民主义，就是使共产党退出国民党，这时定一就取叛党的态度特别明显，所以党决定开除定一。"①

1925年11月23日到1926年1月4日，沈定一等在北京西山碧云寺召开"以变更联共联俄这两大政策为目的"的西山会议，通过的各种反共反苏反国共合作的决议、宣言、通电、文告等不下百余种，主要有《取消共产派在本党之党籍案》《顾问鲍罗廷解雇案》《开除汪精卫党籍案》《开除中央执行委员会之共产派谭平山等案》《取消政治委员案》《决定本党此后对于

① 中共萧山市委党史研究室编：《沈玄庐其人》，成都科技大学出版社，1994年，第129—130页。

俄国之态度案》《中央执行委员会暂移上海案》《推举常务委员案》《推定中央执行委员会各部部长案》《修正第二次全国代表大会选举法案》等。沈定一彻底倒向国民党右派，成为国民党右倾势力西山会议派的核心人物。清党开始后，他担任浙江省清党委员会主任委员，参与清党。1928年春蒋介石上台后，他两面不讨好，只能无奈回到浙江萧山衙前，建议"厉行总理手订地方自治实行法"，明面上是因为"地方自治实行法，规模宏大，计划谨严，深合国情，民病善后，能容纳多量饱学(深)之士，树国家万年不拔之基，入此轨中，鄙夫可宽，懦夫可立……训练党员，建树国族，莫善于此，基本要图，不容缓也。"① 实际上是为了自己"遵照中山先生的遗教"实现衙前自治做依据，同时建立东乡自治会。很快，他遭遇了刺杀。

二、被刺及缉凶

(一)车站被杀——前因后果

1928年8月26日早上，沈定一随同王讷言一同前往莫干山拜访戴季陶，阐明他进行地方自治的计划。28日下午四点半，他和王讷言就下山起程回衙前了，乘汽船到拱宸桥之后，改坐公共汽车到三廊庙。到新市场前，他坚持让王讷言去照顾王生病的母亲，于是王讷言在此下车，他一人继续坐车到三廊庙附近的钱塘江码头，需要乘坐渡船到西兴，然后乘坐四十五分钟左右的二十五路公交车到达衙前。② 当时局势已经十分紧张，国民党加紧对该地区共产党员的抓捕，渡口每一个过江的人都需要检查，因此从理论上来说沈定一当时所处的环境是比较安全的。③ 从沈定一下船开始，有两个穿着白色棉布衬衣和短裤的汉子就一直关注着他的一举一动。在他买了前往衙前的汽车票后也马上买了车票，上了同一班汽车，

---

① 沈定一：《致张静江、蔡元培、蒋介石、戴季陶痛论党政书》，《追悼沈定一先生特刊》，1928年11月1日。

②《浙省府通缉行刺沈定一凶手》，《申报》1928年8月31日。

③ 陈功懋：《沈定一其人》，中国人民政治协商会议浙江省委员会文史资料研究委员会编：《浙江文史资料选辑》第21辑，浙江人民出版社，1982年，第45页。

在车上也不断地向他靠近。

下午五点一刻，天空中下着暴雨，汽车到达了衙前车站。透过车窗，沈定一看到了自己的好友——东乡教育委员会负责人宋维祺，他下车后走近宋，在车站的雨篷下与其聊天。一直尾随着他的那两个穿白衣的人继续跟着他绕到车后，分开站着，等待时机。突然，一个绝佳的机会很快出现了，沈定一和宋维祺一起走到车站管理员那里交车票时，他迟迟找不到自己的车票，甚至还误把一张萧山站员骆振的名片当作车票给了管理员，于是一直在身上摸索寻找车票，同时车站的管理员误把宋维祺也当作乘客，向其索要车票。① 可以说三个人都被小小的车票吸引了注意力，没有关注周围的情况，这给了等待已久的凶手机会。伴随着"砰"的一声巨响，一颗子弹击中了车站的窗户，管理员斗争经验和意识比较强，马上卧倒在地，以躲避子弹。沈定一握紧拳头，转身看向子弹射来的方向，独自怒视着那个方向，旋即第二、第三颗子弹相继向他射来，分别击中了他的胸部和后脑勺，他再也无法支撑，倒在了地上。这期间，宋维祺虽然没有被击中，但整个人却被吓傻了，直愣愣站在那里，而站台上的其他人早在第一声枪响后就吓得四处乱跑，也正是这种混乱给凶手再次创造了机会，凶手迅速从两丈外走近沈定一，两把枪一起射击，接连向他开了十几枪，全部打中了要害位置。沈定一双手抱头，两脚颤抖，在这样的情况下他没有救治的机会，必死无疑。②

果然当射击停止时，沈定一已经没有了呼吸，这时的雨下得更大了，似乎在为什么不可明说的东西而哭泣。凶手完成任务后，立刻沿着公路向西往县城方向逃跑，这时枪声响后四散逃命的人也回到了站台，宋维祺也恢复了神智，马上组织几十个农民去追赶凶手，但手中没有武器的农民哪怕在人数上占优也依旧不敌凶手。凶手接连几次向农民开枪射击，吓退了追击者，摆脱了追赶，乘机继续西逃，但仍然有三个人跟踪凶手，发现

---

① 《浙政府通缉刺杀沈定一凶手》，《中央日报》1928年8月31日。

② 《浙省府通缉行刺沈定一凶手》，《申报》1928年8月31日。

凶手经过新塘头又向北跑,很快凶手发现自己身后还有人跟着,就又开枪,之后消失得无影无踪。①

凶手已跑尚且难以追究,当务之急是沈定一的尸体如何处理。当时正在东乡自治协会办公的蒋剑农和周欣听到枪声和骚动急忙赶了过来,帮忙将沈定一的尸体搬到了区党部和自治协会办公室,同时还派了专车带着专人前往杭州报告这一事件,并且寻找医生。②当时很不巧的是,衡前警署的警察基本都因为有公务而外出了,只剩下了一个警察,在这个警察去追凶手的时候,凶手已经完全不知踪迹了。周边的萧山县政府警察署等听说了这个消息,派警察来协助衡前的警察办公,但也没有什么收获。在调查了凶案现场后,获得的唯一线索是沈定一尸体旁一张一个名叫吕宝章的嵊县人的名片。③

(二)后续发酵——各方反应

沈定一虽然因为政治立场和观念不同等原因树敌众多,但同时也有很多至交好友,因此不同立场的人对待他被刺及死后事宜有不同的态度。

至交好友比如说刘大白、张静江、戴季陶等人,这些人在接到沈定一死亡并且将要在9月1日下午1时入殓的电报后,组成了"雪憾治丧委员会",办理他的身后事宜。④沈定一在社会上十分有地位,因此其死后的丧葬问题一下子就成为争议的焦点之一。

---

①《浙省府通缉行刺沈定一凶手》,《申报》1928年8月31日。

②《浙政府通缉刺杀沈定一凶手》,《中央日报》1928年8月31日。

③[美]萧邦奇:《血路:革命中国中的沈定一(玄庐)传奇》,周武彪译,江苏人民出版社,2010年,第8页。

④《沈定一墓地决定 成立雪憾治丧委员会》,《时报》1928年9月3日。

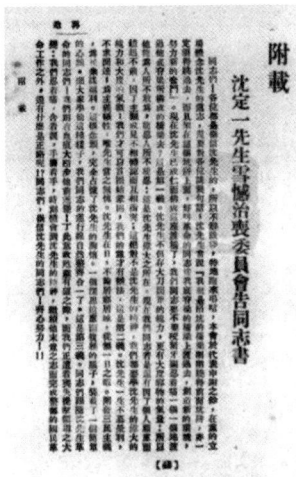

《雪憾治丧委员会告同志书》

1928年9月3日的《时报》报道了成立雪憾治丧委员会的消息

当时"雪憾治丧委员会"向国民党中央提出组建特别刑讯庭缉捕审讯凶手,肯定沈定一为国民党和国家做出的巨大贡献,要求以国葬的仪式来安葬他等要求。[1] 但是未获国民党中央应允,"此案与政治无关,主张移交普通法庭讯办,毋庸组织特庭审判。"可见国民党中央对于被刺杀案件并不重视,甚至可以说有意将之小而化。这样的态度,令后人推测沈定一可能是死于国民党内部的政治倾轧也并不是没有道理的。

但毕竟沈定一在当时还是极具社会声望,并且也有这么一批人在为他争取,国民党中央虽然未允许设立特殊法庭进行审讯,并且未应允国葬要求,但对于其葬礼的仪式还是进行了一定的让步,或者说是面子工程更为恰当,比如国民党浙江省政府专门拨款八千元用于为他修建一座坟墓,在其墓前竖了一块张静江写的墓碑,而在他被刺遇害的衙前汽车站站台旁也造了一座十米左右的纪念塔,塔的顶端还有一个与真人等身的铜像。[2] 同时为了安抚沈定一遗孀,国民政府帮助抚养其未成年子女,每年

---

① 中共萧山市委党史研究室编:《沈玄庐其人》,第155页。

②《专发沈定一修墓立碑费》,《新闻报》1928年10月13日。

提供六百元,并且当前发了三千元抚恤金。① 除此之外,浙江省政府悬赏五千元稽查真凶。②

《新闻报》载《专发沈定一修墓立碑经费》一文

《中央日报》载《沈定一铜像 萧山民众建立》一文

《大公报(天津)》载《沈定一抚恤金》一文

《益世报(天津版)》载《沈定一 浙江省政府电告》一文

沈定一作为当时一个重要的政治人物,他的被刺身亡在社会上激起轩然大波。萧山主动建立铜像,各种报纸刊载了大量与其遇刺相关的电文、信息以及悼词。③可见当时遇刺案,不仅仅在杭州或者说是浙江发酵,这更是一个全国性的事件,可以称之为当时的一个社会热点,这也解释了为什么国民党中央会允许拨专款八千元来修建沈定一的坟墓和纪念

---

① 《沈定一抚恤金》,《大公报(天津)》1929年2月6日。

② 《沈定一 浙江省政府电告》,《益世报(天津版)》1928年9月22日。

③ 《沈定一遇刺之内幕》,《大公报(天津)》1928年8月31日;小木《沈定一之死因》,《上海画报》1928年第391期;《粤各界追悼沈定一》,《新闻报》1928年11月2日;《浙省府通缉行刺沈定一凶手》,《申报》1928年8月31日;吴敬恒《挽沈定一先生:[诗歌]》,《再造》1928年第20期。

塔,社会舆论的压力想来也是其重要原因之一。

(三)证据分析——凶手定位

但沈定一被刺杀的真相真的就如蒋介石所说的"挟恨报私仇"这么简单吗? 这显然需要我们再次回顾沈定一被刺杀的经过,进行充分的分析,因为当事人已经死亡,所以目击证人的证词以及刺杀现场的证据和细节就显得尤为重要。

王国维提出了"二重证据法",讲究孤证不立,因此首先,最为直接有力的双重证据可以帮助我们定位凶手的籍贯。沈定一死亡现场,警察发现的那张名叫吕宝章的嵊县人的名片,这可能是凶手在近前刺杀沈定一时掉落的,但如此还不能轻易就断言凶手一定是嵊县人。但是再加上目击证人所说的凶手的口音是偏向于嵊县、新昌一带的,这无疑加大了凶手属于嵊县人的可能性,我们也可以据此进行初步的定位。其次,根据刺杀发生时,凶手准确无误地只射中了沈定一,其旁边的车站售票员和宋维祺都毫发无伤,再结合凶手当时距离沈定一的远近,可见是受过训练的专业杀手。[①]最后,凶手在沈定一渡江下船后一直尾随在其身后,而沈定一8月28日回衙前并不属于先前的计划,而是一个临时性的决定,可见这是一场有计划的刺杀,凶手背后的势力一直关注着沈定一的一举一动,并且其对凶手下的命令是必须杀死他,所以凶手才会在已经射中他以后,还冒着风险走近补射十几枪。除了以上三者之外,关于凶手身份的信息还有几条不是那么具有信服力的证据。其一,是根据目击证人口述的内容展现的凶手外貌上的特征,包括两人都三十岁左右,身穿白色短衫裤,面色黑黄,而其中一个比较有特点,整体身材消瘦,下颚很尖,还是一个秃头,只有边上有一圈短发。[②]这在外貌方面虽然具有一定的指向性,但还是无异于大海捞针。其二,则是关于目击证人所说的沈定一曾在车站给那两

①《浙政府通缉刺杀沈定一凶手》,《中央日报》1928年8月31日。
②《浙省府通缉行刺沈定一凶手》,《申报》1928年8月31日。

个凶手买过吃食的问题，如此一来则存在一定的可能性沈定一是认识这两个凶手的，就可以进一步缩小凶手的稽查范围。当然也有可能并不认识，只是两个凶手在攀谈间引得沈定一同情，从而主动帮其买了吃食。

根据以上种种线索，再加上浙省政府通缉凶手，萧山东乡自治会大手笔地拿出五千元悬赏凶手的刺激，[1]当时有多名涉嫌谋杀沈定一的嫌疑人被捕。根据当时报纸刊登的凶手信息，凶手可能是杭州市公安局抓获的袁照南，以及共犯钱子清等人，其中袁照南（另一说法称其为袁南照）已经认罪，并且供认是受衙前某茶药店指使。[2]也有报刊登载说刺杀沈定一的正犯是钱家根，在哈尔滨抓住了人，并且现在已经被押解赴杭，送到法院进行审判。[3]也有报刊说凶手名叫沈家根，被法院判处死刑，但一直不服，不断上诉，但法院依旧坚持原判行刑。[4]更有报纸说凶手是袁南炫，杭州公安局局长何云已经派专员从嵊县将犯人押送到杭州，并且在追问其主使人。[5]

《精华日报》载《刺死沈定一凶手判处死刑》一文

三、遇刺之谜

由于沈定一遇刺一事并没有找到能证明凶手是谁的直接证据，当时的一些人便纷纷在报刊上发表自己的猜测。综其所言，主要有五种关于他死亡原因的说法。

---

① 《浙省府通缉刺沈定一凶手 自治会悬赏五千元》，《民国日报》1928年8月31日。

② 《刺沈定一凶犯之口供》，《新闻报》1928年9月13日。

③ 《刺杀沈定一压解赴杭》，《新闻报》1930年6月30日。

④ 《刺死沈定一凶手判处死刑》，《精华日报》1932年4月10日。

⑤ 《刺杀沈定一犯袁南炫已捕获》，《益世报（天津版）》1928年9月12日。

《沈定一被刺后之余闻》认为沈定一死于衙前东岳庙寺僧之手

第一种说法认为，沈定一死于衙前东岳庙寺僧之手。[1]这一说法的依据是该寺僧曾经扬言要杀死沈定一。衙前的这座东岳庙占地极为广阔，且与沈家相距甚近。沈定一于1921年领导衙前农民运动时，就曾提出将东岳庙作为衙前农民协会会址的想法。据当时的报纸报道，东岳庙的寺僧行为残酷，平常会虐待小和尚，于是被沈定一驱逐出庙。而沈定一之所以会做出如此举动，与他当时厌恶迷信的思想也是密不可分的。[2]东岳庙就这样成为农民协会的集会场所，在1921年的秋天接纳了无数前来寻求指导的农民，而这位寺僧则流落到了附近地区的庙宇中。

据闻该寺僧早前精神状态就不似常人，被驱逐之后更是时常咒骂沈定一，还扬言要集资两千元作为雇人打死沈的费用。此后东岳庙时常被用作集会的场所，并在1925年后改名为"中山堂"，衙前自治协会和东乡协会也在这里相继成立。[3]在1927年的时候，有传闻说寺僧已经集资两千元了。而在1928年沈定一身亡之后，寺僧又重新占据了之前的东岳庙。警察所知道了这件事之后，以其行动怪异且有杀人嫌疑为名拘捕了寺僧，但因证据不足并无后续动作。然而关于寺僧策划了刺杀事件的这

---

① 详见《沈定一被刺后之余闻》，《申报》1928年9月3日。

② 详见劳人：《生前之沈定一》，《骆驼画报》1928年第59期。

③ 详见[美]萧邦奇：《血路：革命中国中的沈定一（玄庐）传奇》，周武彪译，第256—257页。

一说法,除了没有直接证据之外仍有许多疑问之处:之前根据枪杀现场的推断,凶手应该是专业杀手。而雇用专业杀手的费用显然不低,一个寺僧何以筹集充足的雇凶杀人的资金?此外他为什么要选择这样一个时间采取行动?如果真的是寺僧所为,他为何要大肆宣扬?从沈死后他搬回庙宇的行为来看,他对原来属于自己的财物依然留有念想,并没有和沈同归于尽的想法。

第二种说法认为,沈死于嵊县蚕种商人之手。[1]这一说法的依据是,在沈遇刺现场发现了一张属于嵊县人吕宝章的名片。而且据现场目击者所言,凶手说的是新昌、嵊县一带的方言。除了有关枪杀现场的证据之外,这一怀疑还有事实依据。据说早在1928年的春天,沈定一就在东乡协会中提出了购买改良蚕种,停止进购新昌、嵊县两地蚕种的提议。对于嵊县的蚕种商人来说,一旦衡前地区的农民彻底不再购买自己的蚕种转而投向改良蚕种,这将是一笔巨大的经济损失。

为了防止沈定一这一提议的继续发展,当时就有人致函沈争论此事,用词激烈,但是沈没有理会。不久后又有人来函,大致内容是如果不取消购买改良蚕种的决议,就会让沈后悔等等之类的话。[2]1928年初夏时节,一位嵊县商人专门前来为难沈。对于这些蚕种商人而言,沈显然已经触犯了他们的经济利益,接下来所要采取的行动就是让这个人消失。而他们也拥有足够的经济实力雇一位专业杀手行凶。由此看来,嵊县蚕种商人确实具有杀害沈的嫌疑。

第三种说法认为,沈死于萧山地主之手。[3]这一说法的依据源自一位原籍是嵊县的、姓邢的青年工人的一次报告。1929年,这位青年工人从哈尔滨造船厂前往杭州的沈治丧委员会,证言说一位原籍也是嵊县的、姓钱的工人和他一起干活时,曾提过自己暗杀了一个人后又被逼无奈逃到

---

① 详见《沈定一被刺后之余闻》,《申报》1928年9月3日。

② 详见小木:《沈定一之死因》,《上海画报》1928年第391期。

③ 参见陈功懋:《沈定一其人》,中国人民政治协商会议浙江省委员会文史资料研究委员会:《浙江文史资料选辑》第21辑,第45—46页。

东北的故事。治丧委员会在这位青年报告之后即通知哈尔滨当局,这位姓钱的嫌疑人就被移交给了杭州。然而在浙江法院第一次审理之后不久,钱某就暴死狱中了,唯一留下的只有他的一份供词,里面提到雇他杀人的是萧绍地区的地主汪源洪。萧山长河镇上的船民来阿金也证言,他曾做过地主来某、傅某、周某的信使,替他们和东乡地主金某、方某、汪某联系收买土匪组织刺杀一事。而三个东乡地主之中的汪某,可能就是汪源洪。

根据陈功懋的这一说法,汪源洪是在受到钱某的指控之后被捕的,但是据当时的报纸记载,汪源洪早在1928年的秋天就被逮捕了。出于对两种说法出现年代的考虑,距离这一事件更近的报纸显然更具有信服力。自汪源洪被捕以后,萧绍各地商会机构的信件不断寄往杭州省政府,请求保释汪源洪,然而省政府的回答是汪有教唆杀人之嫌疑,不允以保释。①

从地主本身的身份来看,他们拥有足够的钱财雇用专业杀手,并有通畅的人脉关系网络可以使杀手逃匿无踪。然而萧山地主谋杀沈的动机是什么呢?他们之间的关系又是怎样的呢?从沈的身份及行动中我们可以找到问题的答案。沈出身于地主家庭,拥有大量田产,但是出人意料的是,他于1921年领导了衙前农民运动,带领农民进行了抗税减租的斗争。两三个月内,农民运动就席卷了萧山、绍兴两县的八十多个村庄。②随着农民斗争的不断开展,地主阶级开始不安,而作为这一运动领导者的沈毫无疑问是地主们的怒火所向,或者用"憎恨"一词更为贴切。萧山地主们的不安以及他们对沈的态度是嫌疑的来源,但是最终也没有直接的证据表明他们是凶手,被捕的汪源洪也被释放了。

然而关于汪源洪的身份在当时另有说法。一说他是沈的远房亲戚,有两个儿子。长子曾去德国留学,次子则是一所专门学校的毕业生。清党之时汪源洪的两个儿子皆被捕入狱,于是汪源洪就去找沈,希望他能救

---

① 详见《杭州快信》,《申报》1928年12月3日。
② 《中国近代史》编写组:《中国近代史(第二版)》下册,高等教育出版社,2020年,第30页。

自己的儿子，但是沈推辞了这件事。后来汪源洪的长子因为被搜查出和共产党通信的信件被判死刑，次子则因为没有实据被释放了。此后汪源洪便到处议论沈，想来不会是什么好话。而在沈死后，汪也失踪了，于是便有人怀疑是其所为。①

《刺沈凶手之供词》报道了沈定一之死的幕后指使者为汪源洪

另一说汪源洪是钱清茶商。沈死后，浙江省政府严令杭州公安局尽快缉拿凶手归案。于是当时的楼姓侦缉队长遴派干探，分别前往绍属各要塞抓捕真凶。在此期间，一位嵊县人秘密报案，指出了真凶身份及其所在。得知此消息后，杭州公安局侦缉队员张廷干等人遂前往嵊县西乡石砩地方，于聚众赌博处抓获了凶手，后经审讯其自称袁南照。据袁所说，他和同事商八万（号荣廷）经过同乡茶商钱祖根的介绍，与钱清茶商汪源洪相识。这个汪源洪祖籍是安徽人，之前因为沈要创办衙前汽车站被勒捐七千元，后来又因为在某项诉讼中，沈帮助对方而让其败诉，损失不少。由此，汪对沈恨之入骨，遂出资一千元让袁南照和商八万刺杀沈。②

---

① 详见小木：《沈定一之死因》，《上海画报》1928年第391期。
② 详见《刺沈凶手之供词》，《时报》1928年9月15日。

1928年8月30日的《民国日报》刊发了《沈定一被刺身死》，该文认为沈定一之死"系共产党所为"

第四种说法认为，沈死于共产党之手。[①]在1928年8月30日的《民国日报》中有这样一则新闻报道："浙江各县共党蠢动，大肆诱惑农民为其工具，惟萧山农民受沈之感化，毫不为动，故更惧之甚深。此次事件，当系共党所为。"[②]从中可以看出这一说法的依据是沈于1925年起与共产党背道而驰，并在1927年领导了浙江省内清党工作，制造白色恐怖，由此而引发了共产党的"报复"。

但是实际上，在沈遇刺之前的十几个月中，浙江省共产党在三次清党中付出了巨大的代价，其组织与活动基本陷于瘫痪。1928年，萧山县的共产党组织在长河也因遭到军事镇压而损失严重，直到1929年其基层组织才得以重建。[③]处于这种状态下的共产党何以要花费较大的金钱与人力去刺杀沈呢？与沈之前的种种行为相比，共产党本身的生存及发展显然更值得重视。而且此时的沈对共产党其实并没有构成长久威胁，他本人在国民党内已没有可能重掌大权了，因此他于共产党而言是无关紧要的。再者，如果是共产党所为，为什么要选择在1928年8月末尾一辆前往衢前的公共汽车上实施？选择沈经常出现的集会场所不是更掩人耳目

---

① 详见《沈定一被刺身死》，《民国日报》1928年8月30日。

② 同上。

③ [美]萧邦奇：《血路：革命中国中的沈定一（玄庐）传奇》，周武彪译，第263页。

吗？如果是被沈的清党行为所激怒,为何不在他参与清党的时候实施呢？况且《民国日报》在1924年国民党第一次全国代表大会后,成为国民党中央机关报,其刊登言论不可避免地会带有政治偏向。总的看来,关于共产党杀害沈的猜测不仅缺少事实的证据,从当时的社会背景以及行为逻辑来看也没有依据。

第五种说法认为,沈死于国民党之手。①在1927年10月下旬,浙江省党部曾派农人部专员前往萧山调查减租案。②1928年5月下旬,浙江省党部又特派两位专员前往萧山接收党务。③种种迹象表明,国民党对沈并不信任。此外沈的一些行为也招致了国民党内部一些人的不满:当国民党中央在全国范围内集权时,沈仍执着于乡村自治。据徐梅坤所述,沈是蒋介石通过何应钦派人刺杀而死的。④

通过时任国民党上海执行部执委周一志⑤的分析,我们也得以窥见这一猜测的些许成因。在他看来沈的死亡不是共产党所为,其中大半原因要归结于国民党的政治原因。他曾在萧山衙前农村考察时发现,沈开展的农民运动不仅遭到乡间土豪劣绅的反对,国民党内部一些人也公然地运用各种手段进行破坏,如"某高级党部委员在正式会场中报告沈先生在衙前练什么农民军,请求制裁"。⑥在他的分析中还提到了,沈在农村中时常会收到恐吓或阴图陷害的信,甚至有人"公然说浙江党务一切的纠纷"都是因为沈先生一个人的关系,⑦这些人认为只要把沈除掉,浙江就没有问题了。因此在周一志的眼中,因为沈"太努力的缘故,遭多少党奸们的嫉视,早就欲得之而甘心了"。⑧正是国民党内部一些人对沈定一的如此

① 详见周一志:《沈玄庐先生之死》,《再造》1928年第19期。
② 详见《农人部派员查减租案》,《申报》1927年10月27日。
③ 详见《新委党务指导员莅萧》,《申报》1928年5月22日。
④ 徐梅坤:《九旬忆旧:徐梅坤生平自述》,光明日报出版社,1985年,第10页。
⑤ 中共萧山市委党史研究室编:《沈玄庐其人》,第154—155页。
⑥ 周一志:《沈玄庐先生之死》,《再造》1928年第19期。
⑦ 同上。
⑧ 同上。

仇视为这一说法添上了一笔动机。而国民党中央和领导人对沈遭刺杀事件的冷淡反应也助长了这一猜测的传播。

　　沈定一无疑是中国近现代史上一位重要又复杂的人物，有关其死亡之谜的猜测也与他本身独特的经历密不可分。我们通过寻找当时的新闻报道以及后人的一些回忆进行推测的过程，其实也是一个不断整合沈历史形象的过程。在对历史真相不断探求的过程中，呈现在我们眼前的不再是单一、割裂的历史，而是多面的、相互联结的。

第九章　赓续衙前农运火种

毛泽东在1936年对斯诺说："谁赢得农民，谁就会赢得中国；谁解决了土地问题，谁就能赢得农民。"[①]自诞生之日起，中国共产党就已经认识到中国革命的核心问题是"农—地"问题。1921年红船起航后两个月，党就领导发动了衙前农民运动，成为党破解"农—地"问题的开端。萧山衙前也因此成为红色根脉之地。

回望百年，守护红色根脉。百年前中国共产党人在萧山提出发动农民，用革命的方式来解决土地问题，发生了衙前农民运动。新中国成立初期和社会主义建设初期，衙前在中国共产党领导下又继续用土地改革和围垦的方式，初步解决了"地少农穷"问题。此后在社会主义建设时期和改革开放时期，受到土地有限制约的衙前农民，在基层党组织领导下，在农闲时创办了"集体经营、互负盈亏"的农机修配厂、建筑社、油厂等"社办企业"。取得效益、尝到甜头的"先富"村，积极发展集体经济、创办乡镇企业，民营经济蓬勃发展，农民也逐渐从"田里"走向"厂里"。在二十世纪九十年代初，衙前连续成为萧山工业强镇，衙前农民率先实现脱贫致富。2003年以后，在时任浙江省委书记习近平"既要GDP，也要GGDP（绿色GDP）"理念指引下，基层党组织转变思路，开始治理劳动密集型企业给土地造成的污染，吹响了向土地要幸福的号角。在"八八战略"和"两山理论"的指导之下，衙前率先走上乡村振兴的高质量发展道路，"地沃农福"。

[①] [美]洛易斯·惠勒·斯诺：《斯诺眼中的中国》，王恩先等译，中国学术出版社，1982年，第47页。

一、重返衙前观农运

衙前农民运动发展起始,即遭到军阀政府的血腥镇压。反动军阀派出全副武装的军警,逮捕了正在衙前东庙村开会的农民协会委员,搜查出农民协会委员名册。衙前农民运动主要领导人李成虎被捕,他在狱中坚强不屈,大义凛然,痛斥反动军阀,遭凌虐致死。[①] 当时的农民无力对抗政府,便只能为李成虎建墓立碑。这一事件登上了1924年的《民国日报》,影响不可谓不大。"本县衙前村农民李成虎,因谋农民之利益,组织农民协会。不料遭地主之忌,使虐吏XXX拘捕,竟冤死狱中,此二年前事也。后由该处同志集资为李氏在凤凰山上建墓立碑。并每年在一月二十四日之李氏死难日开会公祭,以志不忘。"[②] 这是当时身处运动中心的农民对领导人李成虎的感怀和纪念。

衙前农民运动离不开中国共产党的领导和支持,陈独秀、邓中夏等曾给衙前农民运动以充分肯定和高度评价。例如,衙前农民运动过程中所颁布的《衙前农民协会宣言》和《衙前农民协会章程》,曾作为中国现代史上第一个农民革命斗争纲领,刊登在上海中国共产党早期组织机关刊物《新青年》上。[③] 再如,邓中夏在1923年12月发表的《论农民运动》一文中也曾经对浙江萧山等地的农民高度赞誉道:"揭竿而起,挺身而斗,痛快淋漓地把他们潜在的革命性倾泻出来。他们不仅敢于反抗,并且进一步而有农会的成立,把散漫的群众都集中在一个组织和指挥下,这样的智能和勇气,恐怕进步的工人也不能'专美'罢。"[④]

衙前农民运动取得的成就引起了时人关注。周一志曾对衙前进行了数次考察,写下《衙前农村考察记》数篇,他在其中一篇考察日记中写道:"萧山县由沈定一领导的农民运动在1921年时就曾经振动全国,害的军阀们大起忙头,调几营兵去包围、监视,并且通缉、杀害同志们,大凡注意

---

① 魏婷婷、林鲁伊:《凤凰山下"农运"潮》,《农村·农业·农民》2018年07期。

②《农民不忘李成虎》,《民国日报》1924年1月25日。

③ 今哲:《衙前农民运动》,《近日浙江》1999年06期。

④ 邓中夏:《论农民运动》,《中国青年》1923年第11期。

过这件事的人想记得。"① 1928年上海《民国日报》总编辑肖德征到衙前观察时写道："我在那里看见了四万以上从各处跑来的农民,我在那里看见了守秩序拿木棍的农人纠察队,我在那里又深深体会了沈先生所做的农村自治的成绩……革命党人的唯一的安慰,就是同时受到大多数人的同情和少数人的咀唔!"② 在这里,他看到了衙前的变化,"填海底,削山头,把大地打扁槌圆,请自乡始。扫文盲,换穷骨,为群众谋生设教,不让先人。"③ 经过报刊等舆论宣传,使当时发生在萧山衙前的农民运动成为时事焦点。

　　1925年后沈定一背叛革命,与西山会议派合流,在衙前推行东乡自治。不少想以农民运动改造国民性的学者或亲自来到衙前进行实地考察,或基于理解对其进行研究和宣传。如当时浙江大学教授周长信也曾闻名前去考察,认为衙前村中的农民秩序井然,其精神风貌已隐隐有开民智之风气。"至衙前村,考察农村之组织情形。于廿五日晚九点许。到衙前村,时过下雨,衙前村之农民协会及各团体。冒雨欢迎,行列齐整,精神之佳,既此可见,期调查统计股,关于一村之人口,每人耕种之土地,农民之鱼债,每人之责任,及生产等。均有详细之调查。全村人口与有七千余人,加入农民协会者有三千余人,足证其民智开通办理得宜。"④ 孙雪雄在进行实地考察后,认为沈定一"是孙中山先生的忠实信徒,是国民党的诚笃无私分子,所以他举办的地方自治,一方面根据中山先生对于地方自治的主张,一方面运用他自己的智慧,想把三民主义从乡村里建设起来,解决一切穷困愚陋的问题,乃至于改造国家社会。"⑤ 换句话说,东乡自治是遵照孙中山的地方自治思想而实行的乡村自治。有人评价"萧山衙前,在浙江省内,可以算地是一个革命先进的地方。"⑥ 还有说:"衙前的农民运

---

① 周一志:《衙前农村考察记》,《再造》1928年第13期。

② 德征:《从衙前归来》,《民国日报》副刊《星期评论》1928年第2卷第27期。

③ 林味豹:《衙前印象记》,《中国农村》1935年第1卷第7期。

④ 周长信:《到萧山衙前村之视察》,《国立浙江大学农学院周刊》1928年第1卷第13期。

⑤ 孙雪雄:《沈定一先生及其主办的乡村自治》,《涪陵县政旬刊》1933年第28期。

⑥ 《中央日报》1928年2月26日。

动,现在虽则已没有当时的热闹情况了;但是一部分的事情,到现在还不难求之。而沈先生亲手干的成绩,并没有完全消灭,无论什么时候,你跑到衙前,向几个上了年纪的农民,问他什么是三民主义? 什么是五权宪法? 主席怎样做法? 他们便能和你滔滔不绝地谈得津津有味,这可见当时沈先生的教育力量了。"[1]

必须要说明的是,沈定一的东乡自治,虽然被美国学者萧邦奇认为是衙前农民运动的"接续",但实际上是两次完全不同性质的农民运动。1921年衙前农民运动与1927年的东乡自治,最大区别在于前者按照马克思主义理论指导,由中共党员领导发动穷苦农民起来推翻封建地主的剥削,而后者美其名曰是根据孙中山"三民主义"推行的乡村自治、农民减租,实际上却是一场步入歧途的乡村自治改革。现象类似而本质不同。

衙前农民运动起于微末,盛于绝境。它作为中共成立后所领导的第一次农民运动早已载入史册。在此过程中,沈定一同情贫苦农民,希望通过开民智,将农民组织起来,帮助贫苦农民"分忧",解放他们。这件事虽然最后失败,但其精神无论如何也是值得肯定的。

二、凤凰涅槃奔小康

新中国成立后,在中国共产党的领导下,衙前发扬"永不满足,敢为人先"的农运精神,积极从事社会主义建设。特别是改革开放以来,在党的领导下,解放思想,积极开拓进取,大力发展乡村工业;建设交通运输网,实现村村通公路;科学规划,进行集镇建设,从"十八里长廊"到"创经济建设强镇,兴历史文化名镇";招商隆市,工业兴镇,各项社会建设发展突飞猛进,古镇旧貌换新颜。

---

① 林味豹:《衙前印象记》,《中国农村》1935年第1卷第7期。

(一)筚路蓝缕 曲折发展

中华人民共和国成立伊始,土匪活动猖獗,残害人民群众和地方干部生命,破坏交通,给新中国的生产恢复和中国人民生命财产安全造成极大危害。有学者言:只有把土匪剿灭了,然后才能够顺利进行土地改革运动。土地改革无法完成,广大的中国贫苦农民就不能真正翻身,新中国的建设工作也都将根本无法开展,朱德在开国大典上发布的命令中,要求人民解放军全体指战员肃清土匪和其他一切反革命匪徒,镇压他们的一切反抗和捣乱行为。[①] 1949年到1950年间,衙前镇分别对盘踞西小江南的"娘娘部队"、[②]恶霸地主施雪岚等进行剿匪反霸斗争,匪徒罪恶一生,随着一声枪响,就此了结,衙前镇一片欢呼——杀得好!百姓们欢呼雀跃,心中的一块大石头终于安定下来,少了土匪的骚扰,人人都更加安心于新时代的建设。

随着剿匪任务的逐渐完成,1950年12月至1951年5月,衙前镇的土地改革运动轰轰烈烈地展开了。不同于以往的土地改革政策,这一次的土地改革更加彻底,废除封建地主土地所有制,实行农民土地所有制,有利于生产的恢复与发展。土地改革推翻了数千年压在农民身上的大山,摧毁了封建土地制度,解放了生产力,翻身农民做了土地的主人,但由于在旧社会长期遭受欺凌迫害,过着贫穷困苦生活,所以有的农民体弱,有的缺乏劳力,有的缺少耕牛、农具,难以进行正常的农业劳动,有的农民穷到连购买肥料、种子的钱也没有。由此,农业合作化逐步成为土地改革后农村发展的正确道路。1954年,傅金浩、傅岳先领导了胜利初级社成立,揭开衙前合作化运动的序幕,农村合作化运动如火如荼地展开了。[③]人民政府将衙前分散的各行各业的手工业者组织起来,成立了服装、修理、竹木、废品等社组。这一时期手工业合作化运动与农业合作化运动齐头并

---

① 唐涛:《清剿匪特》,远方出版社,2005年,第2页。

② 孔孙超著,杨长岳主编:《何文隆的故事》,浙江省新闻出版局,1999年,第44页。

③ 中共萧山市委党史研究室编:《历史的回顾:建国头七年中共萧山地方党史若干专题》,1989年,第217页。

进,预示着衢前集体工业企业萌芽和起源产生。①在生活上,在这一年,衢前如意寺内设置了衢前粮食供应站,紧接着衢前粮食市场建立,意味着衢前的粮食供应机制更加有序化。除此之外,由多种行业的小商贩组织起来建立衢前综合商店,一个规模相对较大的购物点出现了,衢前人民的生活更加便利,可购商品种类也变得更加多元化。同年,衢前镇的杨汛乡召开了农业积极分子大会,鼓励在农业合作化运动中表现较好的积极分子,展望未来的农业发展,农业合作化运动进一步开展,欣欣向荣的气息蔓延在衢前这片土地上。

在"三大改造"后,衢前和全国其他地方一样,进行了社会主义建设的探索。如尝试将水稻移苗并丘,以便把腾出来的水田另植水稻或番薯,也曾大办钢铁、人民公社、公共食堂。在口粮短缺、物资贫乏年代,也动员群众采集和制造粮食代食品,如榆树的根皮花草籽苗、狼鸡草根、焦藕等。为走出困境,部分群众提出兴办工厂以达到"一利国家(增加税收),二利集体(人多地少,可解决劳力出路和生产资金),三利个人(入股可分红,做工得工资)"的目的,②各大队陆续办起四十六个企业,成为社会主义建设初期探索集体经济发展道路的典型。

在改革开放前,集体经济一直是衢前经济的主要形式,从农业合作化开始,衢前就已经兴办起一些为农服务的企业,如农机修配厂、建筑社、油厂等,这些企业采取"集体经营、互负盈亏"的办法,到二十世纪七十年代已有一定规模,当时这些企业由公社直接领导,称为"社办企业"。③这些企业随着发展,逐渐扩大,超越了原本的合作社的规模,升级为镇办企业,它们的规模较大、职工较多,是企业的主力军。依靠集体经济,一个二十世纪七十年代还是贫困村的凤凰村,在短短十几年间发展迅速,从贫穷村变成富裕村,成为脱贫奔小康的典范。

---

① 徐木兴总编:《衢前镇志》,方志出版社,2003年,第485页。
② 徐木兴总编:《衢前镇志》,第486页。
③ 相对应的,大队办的企业叫"队办企业"即村级企业。

(二)改革开放 工业强镇

1978年中共十一届三中全会做出改革开放的重大决策,开始了中国改革开放历史新时期。衙前也开始走上腾飞的道路,"弄潮儿向涛头立,手把红旗旗不湿。"衙前人民凭借敢于革新、勇于革新、坚于改革的精神,引领潮流,为衙前的建设注入了新的活力。在这一时期,衙前镇十二个村落的村镇经济变迁突出地表现为个私非农经济的迅速发展。

政策顺应民意。1982年1月1日,党中央以一号文件形式批转《全国农村工作会议纪要》,明确指出:"目前实行的各种责任制,包括小段包工定额计酬,专业承包联产计酬,联产到劳,包产到户、到组,包干到户、到组,等等,都是社会主义集体经济的生产责任制。"[1]衙前原本的生产队集体生产评工记分的机制解体,"保证国家的,留足集体的,剩下都是自己的",大包干打破了"大锅饭",把农民的责、权、利紧密结合起来,做到了有统有分、统分结合。生产关系一经理顺,极大解放了被束缚的生产力。农民的积极性充分调动起来,迅速扭转了农业生产长期徘徊不前的局面。

衙前镇乡镇企业迅速发展。新建了年产两万吨的衙前水泥厂、萧山电器二厂、萧山汽配二厂、萧山色织厂、羊毛衫厂、油厂、丝绸化纤布厂等。1987年,社办企业产值两千五百万元,利润一百六十三万元,村办企业产值一千五百万元,利润一百二十万元。[2]同时各行政村也抓住开放的有利时机,纷纷创办村级企业,门类有机械、化纤、纺织等。为鼓励企业发展,衙前镇还推出了一系列利润指标和奖励,随着形势的发展,乡镇企业规模增大,企业的奖金也越来越多,衙前的集体经济在改革开放的春风下,又发出了新的光芒。

然而弊端也开始凸显,为了谋取更多奖金,某些单位虚报产值利润,不仅已丧失所有者权益,甚至资不抵债。针对这些问题,衙前镇开始进行镇办企业的整改和转制工作。到二十世纪九十年代后,镇、村企业经过了

---

① 李皋编著:《变迁与启示 改革开放四十年化解社会矛盾经验研究》,中国民主法制出版社,2018年,第185页。

② 徐木兴总编:《衙前镇志》,第487页。

发展、整顿和管理体制改革等阶段,企业基础更加扎实,其中一部分企业转为股份制经营,调整领导班子,大部分由个人承包,签订承包合同。有的进行兼并组合,有的继续扩展,即采取"多方联合,规模发展"的经营方针。全镇沿104国道两侧,新型厂房鳞次栉比,形成萧山区东部著名的"十八里长廊"。杭州益南链条制造有限公司被评为市级出口创汇"双优"企业。又如浙江恒逸集团有限公司,于1994年在原针织厂、色织厂的基础上成立,形成化纤纺丝、织造、印染一条龙服务的生产经营体系,1998年被列入杭州市百家重点工业企业行列。

1976—1992年衙前镇乡企业基本情况一览[①]

年份	衙前			
	企业个数	年平均人数	总产值(万元)	利润(万元)
1976	2	187	31.32	
1977	5	380	81.00	
1978	6	392	89.80	
1979	6	436	101.69	
1980	7	467	159.98	
1981	9	580	227.65	
1982	9	820	327.83	60.63
1983	8	925	471.00	112.85
1984	8	1159	719.60	116.72
1987	8	1500	2691.00	134.00
1988	6	1449	5011.00	150.00
1989	8	1541	4995.00	66.00
1990	8	1575	6025.00	12.00
1991	9	2213	9289.00	123.20
1992	24	4719	22485	426.00

---

① 徐木兴总编:《衙前镇志》,第491页。

（三）弄潮时代 开拓创新

历史的刻度划过二十世纪七十年代、八十年代、九十年代，终于迎来了新的千年，一个具有无限潜力和可能的新世纪。它承载着人类上一个千年的血泪与欢颜、遗憾与希望。二十一世纪对于历史的中国而言，是一个展翅高飞的时代。

2000年，衙前镇有线电视工程最后两个行政村安装完毕，衙前镇文化站被浙江省文化厅定为省特级文化站。衙前镇中学历经两年的紧张施工，终于落成，衙前镇的教育资源进一步提高。是年，衙前镇与桐庐县富春江镇结为友好镇，104国道萧山段改建工程完成，跨越衙前项甬村的钢筋混凝土立交桥长达几百米，气势恢宏，行车称便。

2001年是中国共产党成立八十周年，也是衙前农民运动爆发八十周年，一批思想开拓、年富力强的企业家脱颖而出，他们发扬"敢抢潮头鱼"精神，壮大和拓展轻纺、机械、建筑等工业，成为衙前经济发展的中流砥柱。恒逸集团在这一年成功投产，标志着萧山纺织行业第一家向产业链上游延伸的高技术企业诞生。直到年底，衙前镇工企业产值突破五十亿元。

量的积累产生质的飞跃，凤凰涅槃，浴火重生。时间到了2002年，衙前的发展进入了一个明显的起飞阶段。是年，中国纺织工业协会在人民大会堂举行全国纺织产业基地、中国纺织化纤名镇命名会，衙前镇被命名为中国唯一"化纤名镇"；[1]是年，衙前镇工业经济实现新跨越，创造历史最好成绩，在全区工业"六赛六比"中，分别获得"技改投入"和"发展速度"两个第一。[2]

三、红色沃土变金土

2003年，时任浙江省委书记习近平提出谋划浙江社会经济全局发展

① 《品牌浙江》系列文丛编委会编：《品牌浙江》第1辑《品牌萧山》，人民日报出版社，2006年，第47页。
② 徐木兴总编：《衙前镇志》，第61页。

的"八八战略"。衙前不忘初心跟党走,在发挥经济体制机制优势的基础上,大力推进社会主义市场经济的改革与发展;加快先进制造业基地建设,不断探索新型工业化的道路;坚持走可持续发展的道路,矢志打造"绿色浙江"。

(一)砥砺前行 打造民企高地

与二十世纪八十年代相比,衙前减少了粮食、饲料加工厂的农副产品加工业,取而代之的是因地制宜加快发展的轻纺工业与五金机械工业。至2000年,凤凰村、交通村、卫家村3村拥有工业企业43家,其中轻纺工业企业21家、五金电器19家、机械修配2家、电子元件1家。2001年后,轻纺工业、五金机械成为镇内两大支柱行业。衙前人民并没有就此止步,至2016年,凤凰村境内轻纺工业企业48家、五金机械工业企业20家,轻纺工业企业实现工业总产值7899523万元、五金机械工业企业实现工业总产值6918万元。[①]

欲求木之长者,必固其根本;欲流之远者,必浚其泉源。除了加强经济体制的建设,衙前还不断推进制造业基地建设,夯实工业化的发展道路。2007年又开始建设凤凰工业园,也就是后来的浙江省中小企业创业基地。2010年后,萧山纺织工业园区统一由衙前镇政府职能部门管理。至2016年,浙江省中小企业创业基地入园的工业企业已达到14家。

人民不辞辛苦地谋幸福,政策也不遗余力地促振兴。2009年12月1日,为鼓励村支持园区建设,衙前镇政府制定《关于对纺织工业园区建设的有关奖励政策意见》,提出了从2009年1月1日起,按企业实际用地面积给予每年每亩财政奖励1250元。随后园区统一由衙前镇政府职能部门管理,撤销园区管理委员会和园区投资开发有限公司。

---

① 莫艳梅主编:《凤凰村志》,中国社会科学出版社,2019年,第975页。

(二)绿水青山 走可持续道路

衢前在社会主义建设和村社经济、民营企业飞速发展过程中,生态环境遭遇"成长的烦恼"。早在二十世纪六十年代后,浸洗络麻期间,衢前镇的河水受阶段性污染;农业种植使用的有机磷剧毒农药污染饮用水源。随着印染化纤等工业废水和生活污水的直接排放,更是雪上加霜,使地表水逐渐受到污染。1996—2000年,萧绍运河翔凤桥段河水为Ⅳ类中污染。面对严峻的生态考验,衢前在党的领导下积极推进"五水共治",打造"绿色浙江",坚持走可持续发展的道路。

2014年3月,衢前农民运动所在地的凤凰村,根据上级政府《关于加快推进"五水共治"工作的实施意见》指示,"清淤、治理、拆违"三措并举,全面有序推进"五水共治",集中开展生活污水治理、河道治理、生活垃圾处理、生猪禁限养、防洪排涝、截污纳管、节能减排等系列整治。治理中坚持河道治理与疏浚清淤相结合、与河岸绿化相结合、与拆违控违相结合、与清洁保洁相结合。在持续改善全村河道水环境的同时,凤凰村还注重排污口的治理、违章建筑的拆除、养猪场的整体搬迁和拆除等工作,全面消除河道黑臭的污染源。设立河长制,派出河道巡查员、垃圾浮萍打捞人员等,进一步加强河道后续保洁管理,完善村境内河道长效保洁机制。

2015年8月,浙江省治水办公室对凤凰村官河萧山出口断面整治工作进行调研。调研组现场查看官河萧山出口断面水质检测点、凤凰村农村生活污水治理情况、凤凰村工业污水治理情况等,现场听取情况介绍,力求制定符合实际的科学策略。是年,衢前镇投入八十万元,对境内八千四百米的官河进行综合整治。打捞河内漂浮物,清理网箱、地笼等障碍物十余处;拆除河岸堆放物、临时搭建物等三十余处;整治及封堵沿岸不规则排放口五十多个;美化墙体三百多平方米;绿化补种树苗约三千平方米。在政府与人民的不懈努力下,终于达到了"水清、岸绿、景美、流畅"的目标。

2016年新年伊始,衢前镇及凤凰村将手机"微信"时效快的优势与河道督查工作有机融合,创建"五水共治"微信平台,在"发现"与"整治"之间架起高速通道,保证河道管理的实时监督。

2020年,衙前大力实施环境百日攻坚行动,推进环境"数治行动",发布垃圾分类2.0"衙·门口"品牌,实现垃圾分类智慧化数字化平台运行,美丽城镇实现新提升。聚焦"改、建、治",凤凰村启动美丽乡村示范村建设,项漾村和螺山村通过美丽乡村提升村验收,南庄王村通过整治村验收。九公里官河绿道全线贯通,七公里西小江美丽河道一期完成建设,北沿河、草漾河等十二条美丽河道加快治理,美丽乡村实现新突破。

(三)不忘初心 守好红色根脉

数十年来,衙前从未停止举行"衙前农民运动"的纪念活动,以历史为前进的精神动力,不用扬鞭自奋蹄。2006年9月26日至27日,中国中共党史学会、中共浙江省委党史研究室主办,中共杭州市委党史研究室、萧山区委、区政府共同承办了萧山衙前农民运动85周年座谈会。会议邀请中国中共党史学会常务副会长陈威,解放军后勤指挥学院少将、教授邵维正,中国人民大学博士生导师、教授陈明显以及中共中央、省、市委党史研究领导,在杭州高校专家、学者共40余人参加会议。以衙前农民运动与新农村建设为主题进行探讨。

2011年衙前农民运动90周年纪念。当年2月,红色衙前展览馆开工建设,9月27日衙前农民运动90周年纪念日正式开馆。为传承衙前红色农运精神,又陆续举办了"衙前农民运动90周年学术讨论会""纪念建党90周年暨衙前农民运动90周年知识竞赛"等,赓续衙前红色农运精神。

2016年,举办了"纪念建党95周年、长征胜利80周年暨衙前农民运动95周年知识竞赛""纪念衙前农民运动95周年暨迎国庆大合唱活动"等活动。9月,衙前镇对原衙前农民运动纪念馆和红色衙前展览馆进行两馆合一。整合后的展览馆分"前言""洪流之巅""农运先声""星火燎原""精神不死"等部分,以全新的陈列,运用现代化声光电技术,通过二维、三维特技动画,结合传统的雕塑创作,使观众感受全新的视觉、听觉。当年接待观众近两万人次。自建立以来,红色衙前展览馆作为"看得见"的历史丰碑,记录着衙前人民的奋斗岁月,也向世人展示着薪火相传的"红色血脉"。

2020年,衙前坚持红色引领深化强基固本,大力弘扬"永不满足、敢为人先"的衙前精神。实施"红领·和"项目,成立企业联合调委会,启用村社微法庭,不断完善社会治理防控体系。"红领汇"品牌、资源、阵地作用进一步显现,杨之华纪念馆建成开放,衙前农民运动纪念馆全年接待951批次、1.2万余人次。

2021年是中国共产党成立100周年,是衙前农民运动100周年。衙前将以"红色衙前、产业新城"为总纲,以彩虹计划为抓手,优化经济业态,打造智能制造先行镇;靓化城市形态,建设高品质美丽城镇;深化精神文明,增强历史文化软实力;智化治理常态,打造"衙·门口"数字治理品牌;细化民生百态,办好群众关切的大事实事。

探源红色根脉,赓续农运精神!萧山从地少农贫,到地"荒"农富,再到地沃农福,并非偶然。自二十世纪二十年代始,到二十一世纪二十年代止,萧山农民在革命午代把握红色根脉,衙前农民运动和其他党支部党员组织的大小农民运动一起,奏出血雨时代英勇激昂的挽歌。萧山人民在治江的同时,在钱塘江筑堤围涂,萧山人民不畏艰难,不怕吃苦,挖沙、挑石、冲水……"堤外浪滚滚,堤内金粮仓"的成就乃是萧山人民用自己的血汗在夜以继日的奋斗中创造的。在脱贫攻坚中,萧山的农民在因地制宜的乡村副业与生机勃勃的乡镇村镇集体企业的实践中,实现率先脱贫。乡村振兴的道路上,萧山在"两山理论""八八战略"的指导下,指引着萧山地区的经济转型升级,各村调转船头,以生态立村、生态强村、生态富民,率先走出一条"绿水青山就是金山银山"的发展道路。

后　记

　　从地理位置看,衙前是钱塘江南岸萧山所属的一个小城镇,尽管交通便利,水路和陆路均可通达,但与普通的江南市镇相比基本没有特殊之处。从阶级基础看,一百年前的衙前农民除了深受地主和反动势力的剥削与压迫外,还经常遭遇钱塘江坍塌带来的困苦,与20世纪20年代初中国其他地方农民的苦难也基本一致。然而就在1921年9月27日,中国共产党成立后还不满40天的时候,党领导下的衙前农民运动爆发了,它被誉为"全国农民运动的历史上最先发轫者"。衙前成为红色根脉的原因何在?

　　1919年7月,经过五四运动洗礼的衙前人沈定一撰文指出:"马克思等发明了这种造福世界的主义,我们正在没路走的时候,前面发见了这盏明灯,在我们自己认定这是正义人道的大路,便努力向前进行。后面也有寻不到路的人,我们这些宣传者就是通告他们的指路碑。"沈定一说的这盏明灯就是"马克思主义"。五四运动后,他主编《星期评论》,鼓吹劳工运动,宣传社会主义;他以星期评论社的名义,约请陈望道翻译《共产党宣言》第一个全译本;他辛勤笔耕,写了大量论著,介绍和宣传马克思主义的一些基本理论和观点。他认为"人类底解放,是人类自然活力底解放,不是人类以外别有由人类捏造出来的虚幻的'神、佛、天师、菩萨'所能够解放的。"面对有产阶级和无产阶级对立的社会现实,他号召无产阶级"急起!急起!战斗!战斗!我们不是为任何阶级的私有而战斗,我们要打平一切剥削制度做人类相残的战争的结果",实现"自由组织的共产主义社会"。与此同时,他又认为,"中国机器工人不多,农民在国民中占最大多数,中国的社会革命,应该特别注意农民运动。"

在这样的认知下,沈定一于1921年4月从广州回到家乡衙前,从事劳动者的解放事业。8月19日,沈定一在坎山东菁草庵作了题为《谁是你底朋友?》的演讲,告诉农民朋友们,"世界上一切东西,都是劳动者底气力造成的","世界不是金钱底世界,是劳动者底世界。劳动者是我亲爱的朋友。世界上一切东西都应该归劳动者所有","积攒金钱的资本家是你们的敌人,专卖气力的劳动者是你们的朋友","你们劳动者不要放弃本来的权利给坐食的资本家!你们应该争回被夺的权利了"。9月23日,沈定一应附近二三十个村的农民之邀在航坞山北土地庙作了著名的《农民自决》的演讲。盛赞农民"生产能力的伟大比钱塘江水底源流还要长远",但"现在正是有产阶级的世界,他们是有组织的:软来有官吏替他们讲他们的法律,硬来有军警替他们提刀枪,你们是没有组织没有团体一盘散沙似的人民,自然被他们屈服下降为奴隶牛马","如今你们要求我发表根本主张,我的主张,便是废止私有财产,'土地公有'","你们赶快的团结呵!你们精密的组织呵!大地主们总有一天会投降你们的"。9月26日,衙前农村小学校成立。9月27日,衙前农民运动正式爆发。沈定一在领导衙前农民运动时,提出了"废除私有财产,实行土地公有"的主张,后又领导农民成立了衙前农民协会。农协成立后又提出"土地归农民使用,土地归农民所组织的团体保管分配"的具体措施。轰轰烈烈的衙前农民运动迅速发展到周围八十多个村,农民们开始进行抗税减租的斗争。

正是衙前人特有的"敢为人先、永不满足",使得衙前这个钱塘江南岸沙地小镇,成为党领导下解决"农—地"关系问题的最早实践地,成为红色根脉的重要传承地。

探源红色根脉,赓续农运精神。2020年,中共萧山区衙前镇委员会和衙前镇人民政府大力弘扬"敢为人先、永不满足"衙前精神,以全面从严治党为主线,淬炼最强铁军,红色衙前品牌更加响亮。

一是组织基础不断夯实。围绕"五好两确保"目标,科学研判分析,周密部署推进,所有村社党组织和村居委会选举均一次性选足选好,选出党组织成员55名,村居委会成员57名,换届选举交出了"高分答卷",成为衙前历史上质量最高、结果最优、过程最稳、反响最好的一次村社换届。同时高质量完成39个机关、企事业单位党组织换届。

二是红色阵地巩固拓展。"红领汇"品牌、资源、阵地作用进一步显现，党群服务中心功能得到优化，开展社团活动130场、主题活动65场，20余个服务平台完成进驻，"最多跑一次"服务质量不断提升。成立衙前镇党校，聘任15位红色讲师团成员。镇退役军人服务站入选杭州市首批"新时代枫桥式退役军人服务站"。杨之华纪念馆建成开放，衙前农民运动纪念馆全年接待951批次、1.2万余人次，成为全区前列、全省知名的党性教育基地。发挥乡贤联谊会作用，开展"金点子"征集评比活动。新的社会阶层人士联谊会常态化运行。2个疫情防控临时党支部、50个党员先锋岗充分发挥战斗堡垒作用，带领广大党员群众冲锋在前。

三是比学赶超氛围渐浓。启动"青创益家"项目，实施"联村干部大比武"，成立"年轻干部成长营"，开展年轻干部"上挂下派"和专场比学活动。组织开展全镇村社干部集中培训，坚持"云课堂"集体学习，健全主题党日制度，党员干部干事创业热情得到有效激发。

四是勤廉衙前成效明显。压紧压实四责协同、落细落实监督举措，深入推动落实三资监管、三小运行、三资专项督查、村社专项巡察反馈问题整改。开展"三清三亮一强化"专项工作，清查核实11个村经营性资产，核销资产2613.9万元，清缴2019年及历年欠租146笔1326.6万元，完善当年合同签订1153份，工作成效得到干群肯定点赞，四翔村三资管理专项督查工作在省纪委网站以"强化三资监管、增强村级发展后劲"为题进行宣传。创建全区首个建设项目线上监督平台"彩虹廉线"，形成从问题线上督办到落实整改规范的监督闭环。清廉村社"码上工程"10+X小微权力运行监督全覆盖，清廉村社公众号实现每村每户全覆盖，平均关注数为105.7%。

2021年是中国共产党成立100周年，是衙前农民运动100周年，是"十四五"开局之年，更是衙前加快高水平建设高品质产业新城的重要一年。衙前将高举习近平新时代中国特色社会主义思想伟大旗帜，全面落实党的十九届五中全会精神,认真落实省市区委决策部署,以"红色衢前、产业新城"为总纲,以彩虹计划为抓手,持续推进转型提速、环境提质、文化提升、治理提效、党建提标,接续奋斗实现衢前经济社会高质量发展。

从衢前农民运动至今,已是一百年的时间。站在"两个一百年"的历史交汇点,唯有奋斗者才能勇立潮头、踏浪前行!为纪念中国共产党百年华诞、纪念衢前农民运动百年,衢前镇党委政府委托杭州师范大学周东华教授团队,合作编纂了《探源红色根脉:衢前农民运动》一书,供党史学习教育之用,也向中国共产党百岁华诞献礼!

施海勇、周东华

2021年6月1日